AF536490

Runen für Anfänger

Das Praxisbuch

Wie Sie die Mythologie und Symbolik der alten Schriftzeichen leicht verstehen und Schritt für Schritt in Ihrem Alltag anwenden

Sophia Waldeck

Alle Ratschläge in diesem Buch wurden vom Autor und vom Verlag sorgfältig erwogen und geprüft. Eine Garantie kann dennoch nicht übernommen werden. Eine Haftung des Autors beziehungsweise des Verlags für jegliche Personen-, Sach- und Vermögensschäden ist daher ausgeschlossen.

ISBN: 978-3-969300480

Email: info@edition-lunerion.de
www.edition-lunerion.de

Psiana eCom UG
Berumer Str. 44
26844 Jemgum

INHALT

Raunende Zeichen aus der Vergangenheit

Runen – das Wort nur vor sich hinzusprechen, vielleicht in leisem, murmelndem Ton, weckt schon einiges des Geheimnisvollen und Rätselhaften, was mit den alten Ritzzeichen in Verbindung gebracht wird. Verwitterte Steine am Rande alter Moore in Dänemark oder Norddeutschland, versehen mit rätselhaften Zeichen, ein dunkel verhangener Gewitterhimmel, Landschaften, die wirken, als ob über ihnen ein alter Zauber läge – es ist diese Art von Bildern, die der Gedanke an Runen hervorruft, und dafür gibt es gute Gründe. Denn auch, wenn Wissenschaftler heute Zeichenreihen entschlüsselt haben und in der Lage sind, alte Inschriften etwa auf Kultsteinen oder Gräbern zu lesen, so haben sie längst noch nicht begriffen, um was es dabei wirklich ging. Die Einfachheit der Zeichen gepaart mit der Seltenheit ihrer Funde macht es schwer, herauszufinden, welche Absichten wirklich hinter ihrer Verwendung steckten.

Kurze Inschriften, mal ein Name, mal die Bezeichnung des beschrifteten Gegenstandes, legen nahe, dass es eine Ebene hinter der bloßen Schrift gegeben haben muss. Kultische Handlungen? Opfergaben? Widmung an alte Gottheiten, Erflehen von Schutz, Ausübung magischer Kräfte? Vieles liegt bis heute im Dunkeln und lässt Raum für Fantasie, allerdings ist auch nicht weniges mittlerweile bekannt über die Urheber dieser rätselhaften Funde. Machen wir uns also auf zu einem Streifzug durch die Lebens- und Glaubenswelt der alten Germanen, wandern wir durch ihre reichhaltige und faszinierende Sagenwelt und finden wir heraus, was es mit der Macht der alten Runenzeichen auf sich hat.

Von was erzählt dieses Buch?

Entsprechend der geheimnisvollen Weite der Welt der Runen ist auch der Inhalt dieses Buches breit gefächert. Denn wir haben es mitnichten mit einem bloßen Alphabet zu tun, das dem schriftlichen Festhalten von Daten und Erzählungen dient. Ganz im Gegenteil sind die Runen ohne ihren mythischen und auch kultischen Hintergrund nicht begreifbar. Darum tasten wir uns von der Seite ihres Ursprungs langsam an sie heran. Am Anfang steht ein Überblick über die fantastischen Mythen und Sagen der nordischen Stämme, eng verwoben mit dem weitgefächerten Götterhimmel, auf dem ihre Existenz fußte. Yggdrasil, die Edda, Odin – all die alten, immer wieder verwendeten und doch nicht wirklich bekannten Begriffe werden eingeordnet und erklärt, sodass ein gutes Fundament für das Verständnis der Germanen, ihrer Lebensweise und auch ihres Glaubens gelegt wird.

Genau daher stammen dann auch die Zeichen, denen dieses Buch schließlich gewidmet ist: die Runen. Woher kommen sie, wie sehen sie aus, wie haben sie sich verändert und was steckt letztlich hinter jedem Zeichen? Der ausgeprägt kultische und magische Hintergrund der Schrift führt dann zum nächsten Themenbereich: Welche Kräfte stehen mit den Runen in Verbindung und wie wurden sie von ihren Urhebern genutzt? All das führt schließlich auch zur Frage nach der zeitgenössischen Relevanz der Zeichen. Wie kann die Kraft der Runen auch heute noch genutzt werden? Hier ermöglicht sich ein sehr weit gefasster Zugang. So können Runen in einer Art Meditation erfasst und verwendet werden und sind somit interessant für Menschen, die vielleicht bereits Meditieren oder Yoga betreiben. Aber auch, wer sich in tiefere spirituelle Ebenen vertiefen möchte und einen ganzheitlich-göttlichen oder gar magischen Zugang sucht, wird im Feld der Runen fündig. Auf welche Art sie genutzt werden, liegt letztlich beim Anwender selbst – in der Weite ihrer Geheimnisse bergen Runen für alles Platz. Detaillierte Erklärungen zu den einzelnen Zeichen, Anleitungen für Rituale, Meditationen und Runenyoga ermöglichen einen direkten Zugang und ausführliche, leicht verständliche Erklärungen erlauben auch dem Anfänger, seine ersten Versuche in der praktischen Anwendung zu unternehmen.

Runen in der nordischen Mythologie

Warum nun erst einmal Mythologie, wenn es doch eigentlich um Runenzeichen gehen soll? Diese Frage ist durchaus berechtigt und wer sich etwa daran versuchen würde, das kyrillische Alphabet zu erlernen, würde dafür nicht unbedingt mit alten sibirischen Sagen anfangen. Bei der Runenschrift ist der Fall jedoch etwas anders gelagert: Runen sind nicht einfach tote Buchstaben, sondern stehen in einem unauflöslichen Zusammenhang mit der kultisch-mythischen Welt derer, die sie verwendet und uns hinterlassen haben. Für die nordischen Stämme, die wir heute unter der Bezeichnung Germanen kennen, waren sie untrennbar mit ihren Göttern verbunden und natürlicher Teil des komplexen Kosmos aus Menschen-, Götter- und Unterwelt. Mit Runen beschworen sie die himmlischen Mächte und wehrten die finsteren ab, sie suchten darin Rat und Schutz und verehrten diejenigen, die Wissen über die geheimnisvollen Kräfte dieser Zeichen hatten. Und so gilt auch heute, dass jeder, der sich mit Runen beschäftigen möchte, nicht umhinkommt, ihren göttlichen Hintergrund und letztlich auch Ursprung zu kennen. Es ist also an der Zeit, einmal tief einzutauchen in diesen unermesslich reichen, geheimnisvollen Schatz der Erzählungen unserer Vorfahren.

DIE EDDA

Die sogenannte *Edda* bietet hierfür einen guten Anfangspunkt. Wem sie lediglich ein flüchtiger Begriff ist, der verbindet damit oftmals uralte germanische Dichtung, die Jahrtausende zurückliegt, das ist allerdings nicht ganz zutreffend. Tatsächlich stammen diese Dichtungen nämlich aus der hochmittelalterlichen Zeit, wir sprechen von Texten, die vornehmlich dem Island des 13. Jahrhunderts zuzuordnen sind und damit einer christlichen Zeit – vielmehr noch einer Bevölkerung, die seit mehr als zwei Jahrhunderten dem christlichen Glauben anhing. Dass die Götter- und Heldensagen der Edda-Texte die Glaubensrealität ihrer Niederschreiber abbildete, ist also nicht anzunehmen, allerdings beschäftigen sie sich mit Inhalten und Texten aus weitaus länger zurückliegender Zeit, nämlich bis etwa zum 4. Jahrhundert. Heute werden zwei Texte in altisländischer Sprache mit dem Begriff der Edda bezeichnet, die sogenannte jüngere und die ältere Edda, deren Zuordnung in Teilen aber schwierig und nach wie vor nicht vollständig geklärt ist. Was die jüngere Edda angeht, ist die Urheberschaft allerdings nicht mehr anzuzweifeln: Sie wurde von Snorri Sturluson verfasst, der von 1178/79 bis 1241 in Island lebte, und ist letztlich eine Art Handbuch für Dichter. Der Text hat den Zweck, die Poeten der damaligen Zeit – die *Skalden* – mit ihrem Handwerk vertraut zu machen. Deshalb finden sich in dieser Sammlung sowohl Dichtungen als auch Prosatexte. So werden zum einen verschiedene dichterische Techniken erläutert, zum anderen wird jedoch – und das macht den Text heute für Mythologieinteressierte so besonders – eine umfassende Sammlung an Erzählungen der altnordischen, heidnischen Mythologie zur Verfügung gestellt. So sollten die zeitgenössischen Dichter das gedankliche Material kennenlernen, mit dem sie sich anschließend in ihrer Dichtung beschäftigten. Hier findet sich erschöpfend die gesamte nordische Kosmologie, die vollständige Geschichte von der Entstehung der Welt bis zur Schilderung ihres Untergangs. Zur Erläuterung verwendete Snorri zahlreiche Zitate in Form alter Gedichte und Lieder, die bis dahin allerdings kaum bekannt waren.

Also wurde bald gefolgert, es müsse einen noch älteren Text geben, auf den die Snorri-Edda sich bezog, und um 1643 glaubte man, diesen gefunden zu haben: Dem isländischen Bischof Brynjólfur Sveinsson fiel ein Buch in die Hände, das zahlreiche Dichtungen enthielt, die auch aus Snorris Edda bekannt waren. Deshalb nannte man auch dieses Werk Edda, und zwar, um einer Verwechslung mit der snorrischen Textsammlung vorzubeugen, Ältere Edda. In Abgrenzung zur Snorri-Edda wird sie oftmals auch als Lieder-Edda bezeichnet, da sie im Unterschied zum Dichterhandbuch tatsächlich nur eine Sammlung von Gedichten ist und darin keine Erklärungen in Prosasprache zu finden sind.

Als Urheber wurde lange der Gelehrte und Priester Sæmundr Sigfússon vermutet, der von 1056 bis 1133 lebte. Mittlerweile weiß man allerdings, dass diese Sammlung höchstwahrscheinlich erst um 1270 herum verfasst wurde (ein ebenfalls vermuteter Vorgängertext auch nicht vor 1250), womit die Ältere Edda also jünger wäre als die des Snorri und ohnehin nicht vom vermuteten Verfasser stammen könnte. Die Existenz der Texte ist übrigens im sogenannten *Codex Regius* bezeugt, einem Text aus dem Jahre 1270, und aufgrund der Unklarheiten im Ursprung und zudem der inhaltlichen Verwandtschaft geht man mittlerweile mit dem Begriff der Edda anders um: Man spricht von Edda-Liedern als eine Art Gattungsbegriff, der alle Dichtungen bezeichnet, die nach Art der Lieder im Codex Regius verfasst sind. So viel zur Theorie um diese altehrwürdigen Texte, die nicht immer ganz einfach ist. Allerdings ist dies vielleicht kein Wunder, wenn man an die fabelartigen, geheimnisvollen Inhalte denkt, die darin behandelt werden, was den Leser zur wohl interessanteren Frage leitet: Was steht denn nun drin in diesen Texten?

Je nach Ausgabe und Sammlung unterscheiden sich die genauen Inhalte, die Unterschiede haben aber für dieses Buch keine Bedeutung, denn grundsätzlich erzählen sie alle von der Geschichte der nordischen Mythologie. So finden sich zunächst eine große Zahl an Götterdichtungen, die den Leser mit der Götterwelt der Germanen vertraut machen. Anschließend bieten einige Sammlungen Spruchweisheiten an, mit denen allgemeingültige Verhaltensregeln und Sitten vermittelt werden sollten. Hier findet sich unter anderem eine Einweisung in die Runenkunde, welche für dieses Buch natürlich von besonderem Interesse ist. Woher stammen die Runen? Wie kamen sie von den Göttern zu den Menschen? Wo sind sie zu finden? Und schließlich: Wie sind sie zu verwenden? Auf all diese Fragen gibt das Lied von der Runenlehre Antworten, die in späteren Kapiteln ausführlich beleuchtet werden.

Auf die Spruchweisheiten folgen die vielfältigen Heldengesänge. Hier finden sich die Helge-Lieder, die Ermenrich-Lieder und die Nibelungen-Lieder sowie vereinzelt einige zusätzliche. Vor allem die Nibelungendichtung genießt heutzutage – nicht zuletzt dank Richard Wagner – große Bekanntheit, auch unter vielen Menschen, die sonst mit der nordischen Mythologie nicht allzu viel am Hut haben. Diese Inhalte werden nun in den Edda-Liedern behandelt, bleibt zum Abschluss noch eine Frage: Was bedeutet eigentlich Edda? Auch ist die Forschung noch uneins: Manche führen den Begriff auf das altnordische Wort „edda“ zurück, das mit „Urgroßmutter“ übersetzt wird, andere Autoren schlagen vor, es von einem alten Wort für „Dichtung“ bzw. „Gesang“ herzuleiten, und schließlich steht auch die Idee im Raum, es sei von der Ortschaft Oddi in Südwestisland hergeleitet, aus der Snorri stammt. Die Edda bleibt also auch in ihrer Namensgebung so mythisch und rätselhaft, wie ihr Inhalt dem heutigen Leser erscheint.

DIE PHILOSOPHIE GERMANISCHER SCHÖPFUNGSGESCHICHTE

Im Hinblick auf die vielleicht wichtigste Frage, mit der sich alle Kulturen zu allen Zeiten beschäftigten, spielt erneut die Edda eine wichtige Rolle: die Frage nach der Herkunft der Menschen und schließlich der ganzen Welt. Jedes Volk, jede Kultur kennt ihre eigenen Schöpfungsmythen und hat oftmals kunstvolle, fantastische Erzählungen entwickelt, die die eigene Entstehungsgeschichte beschreiben.

So sind uns heute oft die komplexen antiken Mythenwelten der Griechen, der Römer und der Ägypter bekannt, weil Spuren davon sich in Museen, Sehenswürdigkeiten und alten Texten, jedoch längst auch in der Popkultur finden, beispielsweise in Fantasyliteratur oder Hollywoodfilmen. Aber auch der indische oder persische Kulturraum hat seine eigenen Schöpfungsmythen und tatsächlich lassen sich solche Geschichten für nahezu jedes Volk, jede Stammesgruppe, jeden Kulturraum finden, und zwar aus einem einzigen Grund: Den Menschen hat es zu allen Zeiten gedrängt, zu wissen, woher er kommt. Es ist dabei ganz gleichgültig, ob er sich im regnerischen Grau der britischen Inseln durchs Leben schlägt oder in der kargen Eisöde Nordrusslands, ob er mit der flirrenden Hitze arabischer Wüstenregionen kämpft oder den fruchtbaren Überfluss tropischer Waldregionen kennt, das süße Leben mediterraner Küsten oder die dünne Luft felsiger Andenregionen: Der Mensch strebt nach einer Erzählung, die ihm seinen Platz in der Welt zuweist. Er dürstet nach seiner eigenen Geschichte, und zwar tut er dies, weil sie ihm gleichzeitig Erklärung bietet für alles, was ihm in seinem Leben widerfährt. Er lernt über die Gründe seiner Existenz, hört von göttlichen Mächten, die ihn erschaffen haben und also seine Existenz erwünscht und erzwungen haben, er stellt sich selbst in die lange Geschichte seiner Vorfahren und verleiht sich Wurzeln in der Vergangenheit, ebenso wie er sich Ausblick in die Zukunft verschafft. Der Mensch fände keinen Frieden ohne eine Erzählung seiner Herkunft. Auch der westliche Kulturraum kennt dieses Verlangen, auch das uns so vertraute Mitteleuropa – die Menschen kennen es heute, wie sie es in den vergangenen Jahrhunderten kannten.

Für eine lange Zeit dominierte hierzulande die christliche Schöpfungsgeschichte, wie sie in der Bibel steht. Gott erschuf die Erde und alles, was darauf existiert, in den sieben Tagen einer Woche. So rief er am ersten Tag Licht in die Welt, die bis dahin ein finsterer Ort des Nichts war, am zweiten Tag teilte er Himmel und Erde, später folgten Wasser, Land, die Gestirne, Pflanzen, Tiere und schließlich als Krönung der Mensch. Am siebten Tag ruhte er von den Anstrengungen seiner Schöpfung und gab also den Menschen den Sonntag zum Ruhetag.

Und auch, wenn die biblische Schöpfungsgeschichte in dieser Aufteilung und Präzision sehr spezifisch ist, so finden sich doch die entscheidenden Elemente ebenfalls in sämtlichen anderen Schöpfungsmythen, allen voran die Beschreibung eines letztlich unvorstellbaren Zustands des Nichts vor Anbeginn der Schöpfung, also vor Anbeginn der Zeit. In der Bibel ist davon die Rede, dass zunächst einmal das Licht von der Finsternis geteilt werden musste, die Griechen sprechen von einer Art vagem Nebel, den sie *chaos* nennen, Aristoteles und später die Alchemisten des Mittelalters verwendeten auch den Begriff der *materia prima*, einer Art Urstoff, der war, bevor es irgendetwas Bestimmbares gab. Auf ein ganz ähnliches Bild greifen nun die Erzählungen der Germanen zurück: Sie beginnen ihre Erzählung von der Entstehung der Welt mit der Zeit, in der nichts war, bezeichnet als *Ginnungagap*, das gähnende Nichts. Davon berichtet die Edda in der *Vǫluspá,* der Schilderung einer Seherin, die von den Anfängen der Welt erzählt.

In diesem Nichts waltete der Geist des Allvaters, der nun als Erstes Nord und Süd voneinander trennte, *Niflheim* als Reich der Kälte und Finsternis von *Muspelheim*, dem Land aus Feuer und Hitze. Im Norden entsprang der Erzählung zufolge ein tosender Quell, der sich in den gähnenden Abgrund (auch dieser wird in der Mythologie oft als Ginnungagap bezeichnet) zwischen Nord und Süd ergoss, wo er vollständig zu Eis gefror. Aus der Hitze Muspelheims jedoch fielen Funken auf das Eis und diese tauten zunächst einen Riesen daraus auf, dessen Name *Ymir* war, und danach eine riesenhafte Kuh, *Audhumbla*, die mit ihrer Milch den Riesen nährte.

Unter den Armen Ymirs, den Snorri in seiner Edda mit dem Riesen *Aurgelmir* gleichsetzt, wuchsen zwei Wesen, ein Mädchen und ein Junge, und durch Zusammenschlagen seiner Füße erzeugte er ein sechsköpfiges Riesenwesen mit dem Namen *Wafthrudnir*, von dem alle künftigen Frostriesen abstammen. Audhumbla, das Urrind (dessen Idee sich übrigens ebenfalls in anderen Schöpfungsmythen wiederfindet), hingegen leckte solange am Eis des Abgrunds zwischen Nord und Süd, bis es daraus einen Mann freigelegt hatte, sein Name war *Bur.* Dieser wiederum zeugte einen Sohn namens *Borr,* der mit der Riesin *Bestla* drei Söhne hatte: *Odin, Wili* und *We* (An dieser Stelle sei angemerkt, dass sich für viele der hier auftauchenden Namen auch abweichende Schreibungen finden, z. B. Bör oder Vili.). Diese drei Söhne nun hatten herausragende Bedeutung für die Geschichte der Menschheit: Sie waren die drei Erstgeborenen des mächtigen Göttergeschlechts der *Asen* und bis heute noch ist Odin vermutlich einer der bekanntesten Namen aus der altnordischen Mythologie. Und diese drei nun bemächtigten sich der gesamten Schöpfung, indem sie den Riesen Ymir erschlugen und aus seinem Körper die Welt erschufen. Aus Ymirs Blut wurde alles Wasser der Welt, worin bis auf einen Einzigen – *Bergelmir* – sämtliche Frostriesen ertranken, sein Fleisch wurde zu Erde, seine Haare bildeten die Bäume und so fort. Anschließend kümmerten die Asen sich um die Himmelsordnung und sandten eine Riesentochter als schwarzverschleierte Nacht mit ihrem ebenfalls pechschwarzen Pferd *Hrimfaxi* in Abwechslung mit ihrem Sohn, der hellen Tag verkörpert, durchs Himmelsgewölbe.

Sein weißes Ross hörte auf den Namen *Skinfaxi,* zudem wurden zwei Riesen zu Sonne und Mond gemacht. Ihre Namen sind *Sol* und *Mani,* mit ihnen fuhren zwei Kinder, *Bil* und *Hinki.* Gejagt wurden sie von den Wölfen *Hati* und *Sköll,* deren Schrecken immer wieder die Gesichter der Gestirne erbleichen ließen, wodurch Sonnen- und Mondfinsternis entstehen. Auch die Entstehung des Menschen lag in den Händen der Götter: Odin war in Begleitung auf einem Spaziergang, als die drei *Ask,* die Esche, und *Embla,* die Ulme, erblickten und beschlossen, aus ihnen Mann und Frau zu erschaffen. Später dann stieg der Gott *Heimda*l unter dem Namen *Rigr* vom Himmel hernieder und zeugte mit jeweils einer anderen Frau die drei Stände.

Seit diesem Zeitpunkt kennt der Mensch Sklaven, Bauern und Adlige. Den so erzeugten Stammvater der Adligen, seinen Sohn *Jarl,* liebte er ganz besonders – sogar so sehr, dass er ihn in die Runenkunde und ihre Geheimnisse einführte. Auch in der ursprünglichsten Mythologie spielten diese Schriftzeichen also bereits eine große Rolle, und zwar eine, die durchgehend mit dem Geheimnisvollen in Verbindung stand. Die gesamte Schöpfungsmythologie der Germanen kennt nun noch viele weitere Details, die leicht ganze Bücher füllen können und Runeninteressierten sehr ans Herz zu legen sind.

Für unsere Zwecke ist die grundsätzliche Botschaft hinter den Geschichten jedoch entscheidender: Sie erklärten den Menschen nicht nur, wer sie waren und woher sie kamen, sondern ihre gesamte Welt. Wetter und Schicksal, Tag und Nacht, sogar Phänomene wie die Mondfinsternis werden hier in einen großen, ursächlichen Zusammenhang gebracht und ein ganz grundsätzliches Prinzip, das sich in Schöpfungsmythen überall auf der Erde wiederfindet, taucht auch hier auf: Eine Welt, die zunächst von groben, urtümlichen Wesen bevölkert ist, die dann von Göttern getilgt werden, welche schließlich den Menschen erschaffen.

Und immer wieder spielen hierbei die mächtigen Runenzeichen eine Rolle. Ihr Wesen und ihre Macht werden so ganz selbstverständlich etabliert, es wird kein Zweifel daran gelassen, welche Kraft und Bedeutung ihnen innewohnen und genau aus diesem Grund sind auch die Erzählungen der alten Germanen unerlässlich für alle, die sich mit den Runen an sich beschäftigen wollen. Es handelt sich nicht einfach um leblose Buchstaben, die der schriftlichen Organisation dienen, ganz im Gegenteil sind sie aus dem großen, kosmologischen Weltzusammenhang der nordischen Mythologie gar nicht herauszulösen. In den nächsten Kapiteln werden deshalb einige dieser Erzählungen noch einmal herausgegriffen, nämlich jene, die uns in ganz besonderer Weise etwas über die Natur dieser Schriftzeichen zu erzählen wissen.

DIE WELTESCHE YGGDRASIL

Zuvorderst steht hier sicherlich die Geschichte von *Yggdrasil*, der Weltesche. In der Edda heißt es über sie in schönen Versen: „Eine Esche weiß ich, sie heißt Yggdrasil, die hohe, umhüllt von hellem Nebel.“ Sie symbolisiert als größter und schönster Baum der Welt nichts weniger als den gesamten Kosmos der nordischen Vorstellungswelt und galt den Germanen als heilig. Ob es sich tatsächlich um eine Esche oder vielleicht doch um eine Eibe handelte, ist nach wie vor umstritten, aber von nebensächlicher Bedeutung. Ihr Name jedenfalls deutet daraufhin, dass sie in enger Beziehung zu Odin steht, *yggr* ist aus dem Altnordischen mit „Furcht“ oder „Schrecken“ zu übersetzen, was einer der zahlreichen Beinamen für Odin ist, die in der Edda genannt werden.

Der zweite Wortbestandteil wird auf *drasill* zurückgeführt, was „Pferd“ bedeutet, und somit wäre die Weltesche entweder als Baum zu verstehen, an den Odin einst sein Ross anband, oder der Baum selbst würde als sein Pferd bezeichnet. Manche Forscher stellen durch die Übersetzung als *Schreckensbaum* auch eine Verbindung mit Odins Selbstopfer her, welches ein zentraler Inhalt dieses Kapitels werden soll. In jedem Fall ist Yggdrasil zentrales Element der germanischen Mythologie. Ihre weiten Zweige und Wurzeln verbinden alle neun Reiche miteinander, die drei Reiche der Unterwelt, die drei irdischen und die drei himmlischen Reiche, und in ihr findet sich eine komplexe Welt.

Sie steht auf drei Wurzeln, unter denen jeweils eine Quelle mit großer mythologischer Bedeutung entspringt. *Hwergelmir*, die erste, ist der Quell allen Wassers der Erde, aus ihr ergießen sich zwölf mächtige Ströme in die Welt. Aus der zweiten Quelle trinkt *Mimir*, der als eine Art personifizierter Erinnerungsspeicher alles Wissen um das Werden und die Geschicke der Götter und der Welt fungiert. An der dritten

Quelle, dem Urdbrunnen, sitzen die *Nornen.* Sie bestimmen das Schicksal der Menschen und kennen auch das der Götter, deren Wissen nicht vollständig ist. Die erste, *Urd,* herrscht über die Vergangenheit, *Werdandi* ist für die Gegenwart verantwortlich und die dritte schließlich, *Skuld,* weiß von der Zukunft. Mit dem Wasser des Urdbrunnens begießen sie die Weltesche, damit diese so lange gedeiht, wie nur möglich, denn immerhin ist an ihre Existenz das gesamte Schicksal der Welt gebunden. Und ohnehin ist Yggdrasil mannigfaltiger Bedrohung ausgesetzt: Die Ziege *Heidrun* weidet ihre Zweige ab, vier Hirsche knabbern an den frischen Sprösslingen des Geästs und auch von unten droht Ungemach, denn der Neiddrache *Nidhöggr* nagt an Yggdrasils Wurzelwerk.

Im Übrigen herrschen auch Zank und Streit in der Weltesche. Nidhöggr nämlich befindet sich in fortwährender Fehde mit einem namenlosen Adler, der in der Baumkrone wohnt und weitreichendes Wissen besitzt. Zwischen seinen Augen sitzt zudem ein Habicht, sein Name ist *Wederfölnir.* Am Stamm der Weltesche auf und ab saust ein Eichhörnchen namens *Ratatöskr,* der Gehässigkeiten zwischen den beiden Widersachern hin- und herträgt und somit auch in der Welt unaufhörlich Zwietracht sät. Die Nornen nun schützen Yggdrasil, solange sie es vermögen: bis zur Götterdämmerung. Und einmal mehr kommt dem Baum eine ganz besondere Bedeutung zu: Er hat eine entscheidende Rolle bei der mythisch überlieferten Entstehung der Runen gespielt.

So waren die Nornen der Runenkunde mächtig und Odin, stets auf der Suche nach Weisheit und Wissen, beneidete sie um diese Fähigkeiten. Allerdings, so heißt es, offenbaren sich die Runen nur jemandem, der sich ihrer würdig erweist, und so kam es zu einem der beiden berühmten Selbstopfer Odins: Neun Tage und Nächte lang, so erzählt die Sage, hing er an seinem eigenen Speer in der Weltesche und erwarb so die Runenkunst. Nach neun Tagen fiel er zu Boden und brachte so die

Runen auf die Erde. „Runen wirst finden, verständliche Stäbe, starre, gewaltige Zauberzeichen, Odin malte sie, Götter erschufen sie, es ritzte sie der Herr der Herren.“, so heißt es in einer Übersetzung der Edda über diesen denkwürdigen Moment.

DER KULT DER GERMANISCHEN STÄMME

Die nordische Mythologie ist uns – dank Werken wie Snorris Edda – gut und umfassend überliefert, sie stellt jedoch nur den theoretischen Hintergrund dar. Mindestens ebenso interessant ist allerdings die Frage nach den germanischen Kulten, die sich daraus ableiteten, und diese ist gar nicht so einfach zu beantworten. Zunächst muss gesagt werden, dass „die Germanen“ kaum in dieser Form existiert haben. Beschreibungen und damit vor allem Zuschreibungen stehen uns hauptsächlich von außerhalb zur Verfügung, das heißt, zwar von Zeitzeugen, allerdings von kulturfremden. Viel Wissen, das heute über all die Stämme existiert, die unter dem Begriff der Germanen zusammengefasst werden – beispielsweise die *Alamannen* oder die *Franken* – beziehen wir aus römischen und griechischen Quellen. Diese beiden Hochkulturen traten teils bereits früh mit den nordischen Stämmen in Beziehung – sei es durch Handel oder durch Krieg – und vor allem einer tat sich durch genauere Schilderungen derer, mit denen man es da zu tun bekam, hervor: der Römer *Tacitus* mit seinem Werk *Germania* aus dem Jahre 98.

Viel Wissen, das heute über die germanischen Stämme dieser Zeit bekannt ist, geht auf diesen Schriftsteller zurück, allerdings dürfen seine Schilderungen nicht unkritisch hingenommen werden. Denn selbstverständlich flossen bei ihm als kulturfremdem Beschreiber stets Werturteile, Moralvorstellungen und ganz grundsätzlich die Relativierung im

Vergleich zur römischen Lebensrealität mit ein. Und gerade, was religiös-kultische Belange anging, ist natürlich davon auszugehen, dass Wertungen vor dem Hintergrund der eigenen Kultur eine erhebliche Rolle gespielt haben, ein gutes Beispiel hierfür ist die als betont „barbarisch" überlieferte Sitte der Menschenopfer. Was wir heute über den germanischen Kult wissen, ist also das Ergebnis eines Abgleichs der antiken Schilderungen von Autoren wie Tacitus und *Caesar* mit archäologischen Funden, vereinzelten Runeninschriften und Texten wie Snorris Edda, die allerdings auch erst später und vor allem bereits unter christlicher Prägung entstanden.

Trotzdem ist die Welt, die sich hier auftut, reich, vielfältig und faszinierend und sie jagt dem heutigen Betrachter nicht selten einen Schauer über den Rücken. Fest steht, dass es bestimmte Orte gab, die für kultische Handlungen genutzt wurden, beliebt waren Haine, Moore, Seen und Quellen, da ihnen oftmals ohnehin bereits göttliche Präsenzen nachgesagt wurden. Eine feste Institution waren sogenannte *Thingplätze,* an denen Stammesversammlungen abgehalten wurden.

Zunächst dienten diese ganz profanen Angelegenheiten, hier wurde Rat gehalten und beispielsweise auch Recht gesprochen. Rechtsnormen existierten allerdings stets in untrennbarer Verquickung mit religiösen Vorstellungen und gingen ganz selbstverständlich von gesamtkosmologischen Ordnungsprinzipien aus, die also durch Gerichtsbarkeit immer wieder aufs Neue hergestellt werden mussten. Die Thingplätze wurden oft mit großen Steinblöcken umgeben, sodass manche dieser Orte auch heutzutage noch als solche identifiziert werden können. Dann gab es Plätze, die ausschließlich kultischen Angelegenheiten vorbehalten waren, insbesondere Opferplätze. Sie standen oft in Verbindung mit Orten, die als heilig angesehen wurden, oder mit Orten, an denen direkt eine Gottheit verehrt wurde. Ein bekanntes Beispiel dafür ist der Herthasee auf Rügen, der ein Kultplatz für die Göttin *Nerthus* war, über deren Verehrung auch Tacitus detailliert berichtet. So habe es an einem ihr geweihten Kultplatz einen verhüllten Wagen gegeben, der nur von Priestern berührt werden durfte, die so erspürten, wenn die Göttin in ihrem Heiligtum weilte.

Diese Zeiten wurden dann mit aufwendigen Festlichkeiten gewürdigt, abschließend erfolgte eine zeremonielle Reinigung ihres heiligen Wagens in einem See durch Sklaven, welche anschließend in demselben See den Tod fanden. Tatsächlich wurden in mehreren Seen und Mooren Wagen mit offensichtlich kultischer Funktion gefunden, die solche Praktiken bezeugen können. Weiterhin sind regional einige Kulte gut überliefert, insbesondere Fruchtbarkeitskulte, bei denen weibliche Gottheiten verehrt wurden, so zum Beispiel der *Matronenkult* im Rheinland und in der Eifel. Was auffällig ist: Tempelanlagen, wie sie aus der römischen und griechischen Religionswelt bekannt sind, finden sich im germanischen Kulturraum nur selten.

Bereits Tacitus behauptete, dass die Germanen ihre Götter nicht einzusperren pflegten, sondern ihnen lieber in heiligen Naturstätten huldigten, allerdings gibt es mittlerweile vereinzelte Funde, die religiöse Gebäude eindeutig belegen, so beispielsweise im dänischen Tissø. Öfter gefunden werden hingegen Altäre mit dazugehörigen Gegenständen für Kulthandlungen, eine ergiebige Fundstelle hierfür liegt im thüringischen Oberdorla an einem See. Die gefundenen Gegenstände sind ebenso vielfältig wie faszinierend. So gab es neben einfachen Stäben unterschiedliche Keulen, Paddel, Hämmer oder gar Bumerangs und – besonders interessant – Holzidole. Dabei handelt es sich um teils überlebensgroße Figuren, die durch Brüste oder Phallussymbole als weiblich oder männlich markiert wurden. Was aber geschah nun tatsächlich bei den kultisch-religiösen Veranstaltungen der Germanen?

Der ganzen Mythologie und aller Überlieferungen der realen Kulte haftet auch heute, nach hunderten von Jahren und akribischer archäologischer Forschungsarbeit, noch etwas unzerstörbar Geheimnisvolles an, was zu einem großen Teil daran liegt, dass unsere Vorfahren längst nicht alle ihre Geheimnisse preisgegeben haben. Ihre schriftlichen Aufzeichnungen sind mehr als spärlich – vielleicht, weil nicht viele der Schrift kundig waren, vielleicht gefiel jedoch auch die Idee, das Heilige und Geheimnisvolle geheimnisvoll zu belassen. Einige Hinweise haben wir aber doch und einmal mehr verdanken wir sie gleichermaßen der römischen Geschichtsschreibung und der modernen Archäologie.

Und so wissen wir von der wohl zentralen Kulthandlung der Germanen: Das Opfer. Die meisten Opfer wurden im Zusammenhang mit der Bitte um reiche Ernte und fruchtbare Stammesnachfolge erbracht und hierbei gab man Lebensmittel, Opfertiere und auch Gegenstände. Die Opfer wurden in vorgeschriebenen Zeremonien erbracht, manche davon im persönlichen Umfeld, für größere Angelegenheiten war die Anwesenheit des gesamten Stammes vonnöten. Oftmals opferte man der entsprechenden Gottheit die ihr zugewiesenen Tiere, deren Fleisch anschließend vom Stamm bzw. der Familie gemeinsam verspeist wurde.

Derartige kultische Riten hatten übrigens einen festen Platz im Alltagsleben der Germanen, etwa vergleichbar mit dem späteren Kirchgang gläubiger Christen. Demgegenüber gab es auch Rituale zu besonderen Anlässen. Weitaus bekannter und berüchtigter sind allerdings die Kriegsopfer. Meist wurden sie Odin dargebracht, und zwar war es Brauch, ihm vor einer Schlacht das gegnerische Heer zum Opfer zu weihen. War man dann siegreich, so gehörte die Beute dem gnädigen Herrschergott. Erbeutete Waffen und Ausrüstung und nicht wenigen Überlieferungen zufolge auch Gefangene wurden Odin in aufwendigen, großen Ritualen zum Opfer gebracht, worüber es sowohl Berichte als auch entsprechende Funde gibt. So hat man immer wieder große Mengen an Waffen und anderem Kriegsgerät feindlicher Heere gefunden, die in Seen versenkt wurden, nachdem sie zuvor vorsätzlich unbrauchbar gemacht worden waren. Den Germanen war es also ernst mit ihren Opfern, denn im Gegensatz zu vielen anderen Religionen, die Opfer eher symbolisch verstanden oder Gaben darboten, deren Verlust sie selbst nicht übermäßig schmerzt, boten die nordischen Stämme ihren Göttern voller Ehrfurcht die wertvollsten Kostbarkeiten.

Genau dies gilt übrigens auch für Menschenopfer, die den Germanen bis heute nachgesagt werden. Und für diese verstörend anmutende Praktik gibt es mittlerweile einige Belege: So wurden bei mehreren Ausgrabungen vor allem in Mooren gut erhaltene menschliche Überreste gefunden, die deutliche Spuren ritueller Tötung trugen – beispielsweise eine sogenannte dreifache Tötung – und auch Tacitus beschrieb mit wahrnehmbarer Verstörung diese für ihn so barbarische Gepflogenheit, allerdings auch mit klar moralisch-zivilisatorischem Impetus (barbarisch hieß übrigens zunächst nichts anderes als „nicht der römischen Zivilisation entstammend“). Oftmals wurde das feindliche Heer geopfert, man sagt den Germanen nach, dass sie Kriegsgefangene im Prinzip nicht kannten – Besiegte wurden geopfert.

Allerdings – und das ist erneut eine verblüffende Besonderheit gegenüber anderen Kulturen, denen Menschenopfer ebenfalls nicht fremd waren – gibt es Berichte, die davon zeugen, dass unsere nordischen Vorfahren auch bei diesen Opfern bereit waren, das Kostbarste zu geben, was sie hatten: Im Zweifelsfall soll für ein ganzes Volk als höchstes Opfer der König hingegeben worden sein. Oftmals gestellt wird an dieser Stelle auch die Frage nach Priestern und diese ist ebenfalls nicht so klar zu beantworten. Priesterkasten, wie sie etwa die Kelten mit ihren Druiden kannten, gab es bei den Germanen vermutlich nicht, wohl aber

Menschen, denen die kultische Leitung oblag und die auch die Verantwortung hatten, religiöse Notwendigkeiten zu erfüllen.

Ihnen war das Recht vorbehalten, bei Thingversammlungen Angeklagte zu bestrafen, ganz offensichtlich wies man ihnen besondere Eigenschaften und damit Privilegien zu. Und es steht ebenfalls fest, dass die Germanen Personen kannten, denen sie ganz besondere Fähigkeiten und Verbindungen zu Göttern und zum Schicksal zusprachen. Vor allem Frauen wurden als Seherinnen betrachtet, man erbat sich von ihnen Weissagungen und die Interpretation von Losen. Ebenso finden sich zahlreiche naturreligiöse Elemente im Kultleben der alten Germanen, so beobachteten sie Tierverhalten und Naturphänomene, um daraus göttliche Hinweise und Botschaften zu lesen.

Die besondere Verehrung, die ihnen zukam, spiegelt sich auch in ihren Gräbern wider. Germanische Grabanlagen werden immer wieder entdeckt und sie bieten oft einen reichen Schatz an Hinweisen auf religiöse Vorstellungen und Praktiken. Grabbeigaben, Bestattungsformen und vereinzelt sogar Inschriften erzählen von kultischen Handlungen und vor allem von dem dahinterstehenden Glauben: So wissen wir heute, dass die Germanen von einer ausgeprägten Furcht vor Wiedergängern geplagt wurden, nicht selten wurden die Toten in Versen beschworen, doch bitte in ihrer letzten Ruhestätte zu verweilen, anstatt die Lebenden aufzuschrecken. Dies war übrigens eine der typischen Verwendungsmöglichkeiten von Runen: Mit der ihnen zugeschriebenen Kraft in Verbindung mit der Bedeutungsebene hoffte man, den Geist der Verstorbenen bannen zu können. Doch so viel wir auch über unsere nordischen Vorfahren herausgefunden haben mögen – noch viel mehr blieb bislang im Dunkeln.

Obwohl ihre Geschichte noch nicht so lange zurückliegt wie, etwa die des antiken Ägyptens, sind uns ihre Lebens- und Glaubensrealität ein weitaus größeres und geheimnisvolleres Mysterium, was zu einem großen Teil daran liegt, dass sie sich beharrlich weigerten, umfangreiche schriftliche Aufzeichnungen zu hinterlassen. Und dies nicht etwa, weil sie es nicht gekonnt hätten, schließlich besaßen sie die Runenschrift. Sie müssen ihre Gründe gehabt haben, weswegen sie auf weitreichende Dokumentationen, wie es etwa die Griechen oder die Römer vollzogen hatten, verzichteten, und gerade dieser Umstand verleiht ihnen noch ausgeprägter den Nimbus des Geheimnisvollen. Wer waren sie wirklich, diese streitbaren, tapferen Krieger, diese wilden und gottesfürchtigen Menschen, deren Kulturbruchstücke heute noch eine unwiderstehliche Faszination ausüben?

DIE WELT DER NORDISCHEN HELDENSAGEN

Einen weiteren Baustein auf dem Weg zum Verständnis dieser geheimnisvollen Stämme liefern ihre Sagen, von denen sich eine Vielzahl bis heute erhalten hat. Denn auch, wenn sie nicht unbedingt historische Gegebenheiten berichten, so erzählen sie doch ausführlich vom Geiste und von der Realität derer, die sie erdacht haben. Was war den Germanen wichtig, welche Werte hielten sie hoch, welchen Idealen folgten ihre Helden, welche Taten vollbrachten sie, welche Fähigkeiten und Künste wurden geschätzt? Um auf diese Weise mehr über die dokumentationsunwilligen Urheber der Runenschrift zu erfahren, sollen nun zwei Heldensagen dargestellt werden, die beide als zentrale Erzählungen der Germanen betrachtet werden können und von einigen der berühmtesten Helden berichten.

Da ist zunächst einmal die Sage von *Wieland* dem Schmied. Da sie eine der berühmtesten Erzählungen ist, liegt nicht nur eine Variante vor, sondern mehrere Autoren haben sich im Laufe der Zeit seinen wundersamen Taten gewidmet, der Grundinhalt ist jedoch bei allen erstaunlich ähnlich, lediglich in Details werden Unterschiede sichtbar.

Die hier nacherzählte Version bezieht sich im Kern auf die Überlieferung aus der sogenannten *Thidrekssaga*. Der Erzählung nach war Wieland zunächst bei Mime in der Lehre, dem berühmten und äußerst kunstfertigen Schmied, bei dem auch *Siegfried* sein Handwerk erlernte. Die Konkurrenz zwischen den beiden Lehrlingen bewog Wieland letztlich dazu, Mime zu verlassen und sich neue Lehrmeister zu suchen, die er in den Zwergen fand. Sie bildeten ihn zum kunstfertigsten aller Schmiede aus und als sie sahen, was für einen Könner sie da erzogen hatten, wollten sie ihn bei sich behalten. Wieland hatte jedoch anderes im Sinn und durch eine List gelang ihm die Flucht von den Zwergen: Er baute sich aus einem ausgehöhlten Baumstamm eine Art Floß, einen Einbaum, den er von innen verschließen konnte.

In diesem ließ er sich einen Fluss hinabtreiben, vermutlich die Weser, bis er aufs offene Meer gelangte und von der Strömung bis nach *Jütland* getragen wurde, dem Reich von König *Nidung*. Man entdeckte ihn dort und war verwundert über den solchermaßen Reisenden und Wieland bat den König um Unterkunft. Dieser sicherte ihm Schutz zu und nahm ihn in seinen Hofstaat auf, bevor er dort jedoch seinen Dienst als eine Art Mundschenk antrat, versteckte er sein Schmiedewerkzeug, das er mitgebracht hatte. Dabei wurde er allerdings von einem Gefolgsmann des Königs beobachtet, dessen Name *Regin* war. Zunächst lebte Wieland also recht unauffällig am Königshof, eines Tages jedoch wusch er am Meer die Messer des Königs, wobei er eines verlor.

Ein neues herzustellen, bereitete ihm als Schmied jedoch keine Probleme, und so fertigte er ein Ersatzmesser an, das so scharf war, dass der König bei Tisch nicht nur seine Speisen, sondern versehentlich ebenfalls Geschirr und den Tisch damit zerschnitt. Voll Erstaunen wollte er nun wissen, wer denn in der Lage sei, ein solch scharfes Messer zu schmieden, und so wurden Wielands außergewöhnliche Fähigkeiten bekannt. Dies rief jedoch nicht nur Bewunderung hervor, sondern auch Missgunst, und zwar aufseiten des Hofschmieds *Ämilias.* Gekränkt von der neuen Konkurrenz forderte er nun Wieland zu einem Wettbewerb heraus. Ein Wettstreit auf Leben und Tod sollte es werden, bei dem Ämilias eine Rüstung schmieden würde und Wieland ein Schwert.

Der nahm die Herausforderung an und begab sich zu der Stelle, wo er einst sein Werkzeug versteckt hatte. Allerdings war das Versteck leer. Er entsann sich jedoch des Mannes, der ihn damals beim Verstecken beobachtet hatte, und trat mit seinem Anliegen an den König heran. Da er jedoch den Namen des Mannes nicht kannte, versammelte der König sein gesamtes Gefolge, damit Wieland unter den Männern denjenigen erkennen könnte, der ihn damals beobachtet hatte.

Das bekannte Gesicht war jedoch nicht darunter, der König war verärgert und Wieland ersann eine neue Strategie: Er fertigte nach seiner Erinnerung eine Statue des Mannes, und zwar war dieses Bildnis so täuschend echt, dass es von einem wirklichen Menschen nicht unterschieden werden konnte. Wieland platzierte es in einer dämmrigen Ecke, die der König auf dem allabendlichen Weg in sein Schlafgemach passierte, und als er die Statue erblickte, sprach er sie sogleich als seinen guten Freund Regin an. So wurde der Irrtum aufgeklärt: Regin war bei der Versammlung des Gefolges abwesend, da er im Auftrag des Königs verreist gewesen war. Nun musste der enttarnte Dieb das Werkzeug zurückgeben und Wieland machte sich sogleich an die Arbeit.

Er schmiedete ein Schwert, wie es schärfer noch keines gegeben hatte, und um dieses zu testen, hielt er es in den Fluss und ließ eine Wollflocke dagegen treiben.

Sie wurde zwar vom Schwert zerschnitten, allerdings war Wieland noch nicht zufrieden. So zerrieb er das Schwert in feine Späne, die er anschließend an Gänse verfütterte. Als sie die Späne wieder ausschieden, schmolz er sie ein und fertigte ein zweites Schwert, das er wiederum derselben Probe unterzog – mit ebenfalls unbefriedigendem Ergebnis. Erst das dritte Schwert stellte den Schmiedemeister zufrieden. Als er dann im Wettstreit auf Ämilias traf, glitt das Schwert durch dessen Rüstung wie durch Butter, der neidische Hofschmied hatte sein Leben verloren und der Zweikampf war entschieden.

Der König nun wollte dieses Schwert besitzen, Wieland hingegen nahm es unter dem Vorwand, noch eine Scheide dafür fertigen zu wollen, mit sich und schmiedete dem König ein anderes Schwert, das zwar genauso aussah, aber nicht ganz so scharf war. Das Original, das im Übrigen nach seinem ersten Lehrmeister den Namen *Mimung* trug, gab er später seinem Sohn *Wittich*. Der König war mittlerweile so angetan von der Kunst Wielands, dass er sicherstellen wollte, diesen Schmied nicht wieder zu verlieren, und um ihn von der Flucht abzuhalten, ließ er ihm die Fuß- bzw. Kniesehnen durchtrennen. Auf einer Insel festgesetzt, musste er dem König allerhand Schmiedeobjekte anfertigen. Wieland aber sann auf Rache. Und so tötete er die beiden Söhne des Königs und arbeitete ihre Schädel in zwei goldene Trinkbecher ein, zudem schwängerte er seine Tochter, die ihm in einer Sagenvariante früher zur Frau versprochen worden war. Und nachdem er dies alles getan hatte, entkam er, und zwar mit Flügeln, die er sich selbst geschmiedet hatte, und im Davonfliegen rief er dem König zu, was er getan hatte.

In dieser Sage steckt nun eine schier überwältigende Fülle an germanischem Gedankengut. Wieland ist ein Held, wie man ihn sich heldenhafter kaum wünschen könnte. Körperliche Stärke, ein hochgeschätztes Handwerk, Mut, Kühnheit, Tapferkeit und auch List – die essenziellen Zutaten eines vorbildlichen germanischen Recken. Auch die höfischen Gebräuche und die Kultur eines Königreichs sind typisch für diese Gedankenwelt und ganz besonders interessant ist die detaillierte Beschreibung seiner Schmiedekunst: Was Wieland tut, indem er die Gänse die Eisenspäne verdauen lässt, wird in der Metallurgie *Nitrieren* genannt und ist ein Verfahren, mit dem Eisen zusätzlich gehärtet werden kann. Ihre Kunstfertigkeit nicht nur in der Verwendung, sondern auch in der Herstellung der Waffen war den Germanen äußerst wichtig, wie sich auch in den Opferriten zeigte, bei denen oftmals Schwerter und Speere den Göttern gegeben wurden.

Und auch eine weitere Sage darf an dieser Stelle nicht unerzählt bleiben, es ist vielleicht die berühmteste der germanischen Heldensagen: die Erzählung von den Taten Siegfrieds. Man muss auch hier erwähnen, dass von dem Sagenstoff und den Taten der einzelnen Beteiligten unterschiedliche Versionen existieren, die zu unterschiedlicher Zeit von unterschiedlichen Autoren immer wieder neu erzählt und auch teilweise neu zusammengefügt wurden, sogar die Namen unterscheiden sich. Wir wollen hier den Ausführungen der deutschen Nibelungen- und Siegfriederzählung folgen, die wohl den meisten Lesern bekannt vorkommt.

Siegfried, der vielleicht berühmteste Held germanischer Sagen, war der Sohn von *Siegmund,* dem König des *Kerlingenlandes* und seiner Frau *Sieglind.* Als diese mit ihm schwanger war, wurde dem König allerdings die Botschaft überbracht, dass in seiner Abwesenheit die Gattin ihm die eheliche Treue gebrochen habe, woraufhin er sie im Wald aussetzte. Sie starb bei der Geburt, aber ihr Sohn wurde von einer Hündin gefunden und aufgezogen, bis eines Tages der kunstfertige Schmied Mime – bei dem auch Wieland in die Lehre gegangen war – den Jungen fand und an Sohnes statt annahm. Er wuchs zu einem gewaltigen, starken und tapferen jungen Mann heran – so stark wurde er, dass Mime sich vor ihm zu fürchten begann und sich seiner gerne entledigen wollte. Darum sandte er ihn in den Wald zu einem Drachen, den Siegfried in seiner unermesslichen Stärke allerdings erschlug. Aus seinem Fleisch kochte er sich ein Gericht und als er davon kostete, erlangte er die Fähigkeit, die Sprache der Vögel zu verstehen. Diese empfahlen ihm, den verräterischen Mime zu töten, zudem entdeckte der junge Held, dass das Blut des Drachens ihn an jeder Stelle des Körpers, die er damit benetzte, unverwundbar machte.

Also badete er im Drachenblut, nur auf eine Stelle zwischen seinen Schulterblättern fiel ein Lindenblatt und so blieb dort seine Haut verwundbar. Anschließend tötete er den Schmied, nahm von diesem ein prächtiges Schwert sowie ein herrliches Pferd Namens *Grani* und zog an den Königshof *Brünhilds*. Ihr versprach er, sie eines Tages zu ehelichen, und zog dann weiter ins Nibelungenland, wo er die zwei Zwerge *Schilbung* und *Niblung* antraf, die sich um einen unermesslichen Goldschatz stritten. Er sollte zwischen ihnen schlichten, sie waren aber unzufrieden mit seinem Urteil und als sie mit ihm in Streit gerieten, erschlug er sie und alle ihre Gefolgsleute, welche Riesen und Zwerge waren. Nur einer blieb am Leben, sein Name war *Alberich,* er war der mächtigste der Zwerge, allerdings entriss Siegfried ihm seine Tarnkappe, wodurch er ihn unterwarf. Nun war Siegfried der Besitzer des Goldschatzes und er setzte den besiegten Zwerg als dessen Hüter ein.

Dann schloss er sich dem Gefolge des großen Königs *Dietrich von Bern* an und mit diesem kam er an den Königshof von Worms. Der dortige König *Aldrian* hatte drei Söhne, ihre Namen waren *Gunther, Gernot* und *Giselher,* zudem eine wunderschöne Tochter namens *Kriemhild.* Seine Frau *Ute* allerdings hatte noch einen weiteren Sohn, der von einem bösen Geisterwesen gezeugt worden war, *Hagen,* eine ebenso finstere und bösartige Gestalt. Von Siegfrieds Gestalt, seiner Kraft, Tapferkeit und Stärke waren alle am Hof so beeindruckt, dass sie ihm die schöne Kriemhild zur Frau gaben. Als Dank brachte dieser den Nibelungenschatz an den Hof und half dem König, so manchen Krieg zu gewinnen und schließlich, nach dessen Tode, dem Sohn und neuen König Gunther, eine Frau zu finden. Ausgerechnet Brünhild versuchte er, für den König zu werben, die ihn zwar zunächst an seinen eigenen Schwur erinnerte, aber nachdem sie von seiner zwischenzeitigen Hochzeit mit Kriemhild erfuhr, willigte sie ein. Zunächst zu Gunthers Freuden, in der Hochzeitsnacht allerdings überwand sie ihn und fesselte ihn an die Wand.

Brünhild verfügte nämlich über übermenschliche Kräfte und wollte sich nur einem Manne ergeben, der ihr überlegen sei, eben darum war sie vom starken Siegfried so angetan gewesen. Gunther klagte dem Schwager sein Leid und einmal mal mehr half ihm der junge Recke: Er schlüpfte unter seine Tarnkappe und überwand in der folgenden Nacht Brünhild, um dann Gunther in ihre Arme zu legen. Dabei allerdings entwand er ihr einen Ring, um seiner Frau Kriemhild beweisen zu können, wo er gewesen war. Dies allerdings sollte später zu großem Unheil führen: In einem Streitgespräch offenbarte Kriemhild Brünhild, dass diese einst von Siegfried niedergerungen worden war, anstatt von ihrem Manne, und von da an sann die so Getäuschte auf Rache.

Auf ihrer Seite hatte sie Gunther, der beschämt und gekränkt war ob der Tatsache, dass Siegfried seinen Eid, niemandem von der Sache zu erzählen, gebrochen und ihn bloßgestellt hatte. Der finstere Hagen konnte als Mitverschwörer gewonnen werden und bei einer gemeinsamen Jagd kam es zu der entsetzlichen Tat:

Während der junge Held Siegfried sich über einen Quell beugte, um daraus zu trinken, stieß Hagen ihm seinen Speer zwischen die Schultern, an genau der Stelle, die seinerzeit vom Lindenblatt verdeckt und somit vom Drachenblut nicht unverwundbar geworden war. Siegfrieds Frau Kriemhild und das ganze Volk trauerten um den wunderbaren Helden.

Dies ist das Ende der Sage um den heldenhaften Siegfried, die Erzählung setzt sich jedoch mit den verbliebenen Gestalten in einem verworrenen Rachedrama noch weiter fort, bei dem am Ende fast alle Beteiligten in scheußlichen Gemetzeln ausgelöscht werden, das Heldenlied um Siegfried ist jedoch der interessanteste Teil, wenn es um die Natur der Germanen geht. Siegfried ist der Archetyp des strahlenden germanischen Helden.

Alles an ihm ist makellose, vorbildliche Tugend. Er ist von schönem Wuchs, groß, stattlich und über die Maßen stark. Dazu kommen seine Tapferkeit und Unerschrockenheit, sein Mut und seine aufrechte Kampfeskraft. In treuer Loyalität ist er seinem König ergeben und zieht für ihn in die Schlachten, ja, vermittelt gar seinem Sohne eine Braut. Nur einen Fehler macht er, und zwar ist dies ein Fehler, der den Germanen schwer wiegt: Er bricht seinen Eid. Indem er seiner Frau davon berichtet, Brünhild bezwungen zu haben, begeht er Verrat an dem Versprechen Gunther gegenüber, über die Tat zu schweigen.

Eidbruch war eines der Vergehen, das bei Thingverhandlungen oftmals bestraft wurde, neben Verrat, Unzucht oder auch Feigheit im Gefecht. Dass dieser Eidbruch also gewissermaßen Siegfrieds Untergang einläutet, ist ein nur logisches Element, durch das uns die Siegfriederzählung einiges über die Werte und Moralvorstellungen der Germanen berichten kann.

DER GERMANISCHE GÖTTERHIMMEL

Wenn die Erzählungen von den Helden uns einiges berichten können von ihren Urhebern, dann gilt dies natürlich umso mehr für ihre Götter. Über Religion und Kult wurde bereits gesprochen, nun soll noch ein Kapitel ganz ausdrücklich dem germanischen Götterhimmel gewidmet werden. Denn diese Gottheiten standen in ihrer Natur ganz unmittelbar in Verbindung mit ihren irdischen Anhängern.

In ihrem Tun spiegelt sich vieles der germanischen Gesellschaft und die gemeinsamen Vorstellungen wurden auf eine höhere, weitreichend verpflichtende Ebene projiziert. Nun ist die germanische Göttergesellschaft vielfältig und zahlreich und unterscheidet sich zudem nach Region, Stamm und auch Zeit. Während einige Gottheiten nur bestimmten Stämmen bekannt waren oder in unterschiedlichen Gegenden mit verschiedenen Namen bezeichnet wurden, gibt es auch solche, deren Bedeutung und Bekanntheit universell war.

Die wichtigsten davon sollen nun herausgegriffen und genauer vorgestellt werden, denn wie kaum etwas Zweites künden sie von den Vorstellungen und Leitgedanken unserer nordischen Vorfahren. Wenn man von ihnen berichtet, muss man jedoch eine Sache stets im Hinterkopf behalten: Das Wissen um sie schöpfen wir erneut hauptsächlich aus den zwei bereits bekannten Quellen. Zuallererst genannt werden muss sicherlich Odin. Er gilt als Göttervater und man kennt ihn auch unter den Namen Wodan oder Wotan, Tacitus zufolge entspricht er etwa dem römischen *Mercurius*. Ihm wird eine große Vielfalt an Eigenschaften und Zuständigkeiten zugeschrieben. Als Gott der Kriegsführung bestimmte er den Ausgang von Kämpfen, wofür die Germanen ihm so ehrfürchtig und eifrig opferten, wie keinem zweiten. Als Vater des mächtigen Göttergeschlechts der Asen reitet er auf *Sleipnir*, seinem achtbeinigen Pferd, durch die Welt, bewaffnet ist er mit dem magischen Speer *Gungnir* und er ist in ständiger Begleitung seiner zwei Raben *Hugin* und *Munin*, die ihm als Erinnerung und Gedanken dienen. Fortwährend sendet er sie in die Welt hinaus, damit sie ihm Kunde zutragen von allen Geschehnissen. Zugleich ist Odin der Gott aller gefallenen Krieger. Die tapfer im Kampf Gefallenen ruft er an seine Tafel in *Walhalla,* dem Sitz des mächtigen Göttergeschlechts der Asen. Dort sammelt er sie um sich, ein mächtiges Heer bildend für den Tag des Weltuntergangs, der Götterdämmerung, in den altisländischen Erzählungen *Ragnarök* genannt.

Aber nicht nur kriegerisch ist Odin, als Gott der Dichter und der Weisheit ist auch die Erforschung aller Wahrheit seine Aufgabe. Hier wird eine Besonderheit der germanischen Götterwelt schon deutlich: Auch Odin, als oberster Gott, kennt nicht alle Dinge. Um fortwährendes Wissen zu erlangen, muss er sich an Wesen wie die Nornen wenden und es heißt auch, er habe als Pfand für einen Trunk von Mimirs Quelle der Weisheit ein Auge gegeben. Denn für die Führung in der Schlacht der Götterdämmerung braucht er beides: ein starkes Heer und Weisheit.

Odin hat einige Kinder mit seiner Gattin *Frija* oder *Frigg*, unter anderem sind die *Walküren* seine Töchter, allerdings gibt es auch einen gemeinsamen Sohn mit der Erdgöttin *Jörd: Thor* bzw. *Donar.* Er war bei den Germanen besonders beliebt, war er doch der Donnergott und also verantwortlich für das Wetter. Er brachte jedoch nicht die erntevernichtenden Gewitter, bei denen Blitze die Kornspeicher in Brand setzten, sondern den lebenspendenden Regen. Auch für die Seefahrer spielte seine Wetterbildung eine große Rolle. Unterwegs ist er stets in seinem Wagen und mit dem Hammer *Mjölnir,* den er für allerhand nutzt. Die Feinde der Götter wehrt er damit ebenso ab, wie er Steine zu fruchtbarer Erde zerschlägt. Seine Natur ist recht zwiegespalten: So ist er von unermesslicher, grober Kraft geprägt, aber gleichzeitig ist er sehr gutmütig und sein Wesen wird oftmals als Entsprechung des germanischen Bauern verstanden, zu dem die einfachen Menschen großen Zugang hatten. Außerdem ist er unter den Göttern der Trinkfesteste, was er bei regelmäßigen Gelagen in Walhalla unter Beweis stellt. Tacitus vergleicht ihn übrigens mit *Jupiter* und *Herkules.*

Odins Gattin Frija ist wahrscheinlich die bekannteste weibliche Gottheit der Germanen und bei diesen außerordentlich beliebt. Sie ist die Göttin von Familie und Ehe, von ihr erbat man ein gutes Familienleben, den Schutz des Herdfeuers und eine reiche Nachkommenschaft. Um ihren Namen und ihre Identität gibt es etwas Verwirrung, existiert doch auch *Freya* bzw. *Frigga,* die ebenfalls ähnliche Attribute vertritt, jedoch als Anführerin der Walküren auch kampflustige Züge trägt. Frija bzw. Frigg bittet man um den Schutz von Vieh und Haus und die Fruchtbarkeit der Felder. Auch gilt sie als Göttin der Liebe und man sagt ihr einen recht freimütigen Umgang damit nach. *Isis* und *Aphrodite* werden mit ihr als vergleichbar angesehen. Eine besondere Gestalt im germanischen Götterhimmel ist *Balder.* Er gilt als Sohn von Odin und Frigg und ist der schönste, hellste und lichteste aller Götter. Die anderen Götter und Menschen lieben ihn gleichermaßen, jedoch schwebt er der Sage nach von Anfang an in Gefahr. Als Gottheit des Lichts, der Schönheit, der Tugendhaftigkeit und der Reinheit ist er Zielscheibe des Vernichtungswillens finsterer Mächte. Alle guten Wesen des Himmels und der Erde verschreiben sich also dem unbedingten Schutz dieser Lichtgestalt, deren letztlicher Tod als einer der Auslöser des Ragnarök, dem Untergang der Welt, gilt. Seine Gestalt ist etwa mit *Apollo* vergleichbar, der den Griechen als Sonnengott galt. Und zuletzt soll *Tyr* nicht unerwähnt bleiben, der Kriegsgott der Germanen. Vor Odins Zeit war er ihnen gar der höchste Himmelsgott, nachdem das Göttergeschlecht der Asen jedoch die Vorherrschaft übernahm, trat er diese Rolle an Odin ab. Trotzdem blieb er eine der mächtigsten Gottheiten und war vor allem unter den Kriegern bedeutend. Ihm zugeordnet ist die Rune *tiwaz,* die viele Kämpfer sich in ihre Schwerter einritzten, in der Hoffnung, dadurch den Mut und die Durchsetzungskraft zu erlangen, die Tyr zugeschrieben werden. Aber Tyr ist nicht nur ein Kriegsgott, zudem obliegt ihm der Schutz des Rechtes, womit er als Gott der Thingversammlungen gilt, auf denen Gericht gehalten wird. Auch für ihn gibt es abweichende Namen, beispielsweise *Teiwaz* oder *Ziu.* Tacitus sah ihn in Verbindung mit dem römischen Kriegsgott *Mars* stehen.

Der Blick auf diese wichtigsten germanischen Gottheiten macht nun mehrere Dinge deutlich. Zum einen verkörpern sie all das, was den Germanen von Bedeutung war, allem voran erfolgreiche, tapfere und geschickte Kriegsführung. Helden und im Kampf Getötete standen unter besonderem Schutz und genossen zugleich besondere Verehrung, aber ebenso geschätzt wurden die Werte von Heim, Familie und Gemeinschaft. Es waren also sehr grundlegende und unverhandelbare Dinge, die den Germanen im Zentrum ihrer Welt standen, und es wird deutlich, wie sehr sowohl ihre Götter als auch die Erzählungen ihrer Helden genau dies vermittelten, priesen und zugleich zusichern sollten.

Übrigens sind die germanischen Götter auch heute noch ganz selbstverständlicher Bestandteil unseres Alltags, und zwar im allerdirektesten Wortsinn: Sie tauchen in verschiedenen mitteleuropäischen Sprachen in den Bezeichnungen der Wochentage auf. So ist der *Dienstag* nach Tyr benannt, ebenso die englische Entsprechung *Tuesday.* Noch augenfälliger wird es beim *Donnerstag* oder *Thursday,* der Thor bzw. Donar gewidmet ist. Der *Freitag* oder *Friday* steht im Zeichen Frijas und auch Odin bzw. Wodan ist ein Tag gewidmet, dessen Wurzeln im Deutschen zwar nicht erhalten sind, wohl jedoch im englischen *Wednesday* und im niederländischen *Woensdag.*

Die Bedeutung und Verwendung von Runen

Alles, was bislang zu lesen war über den weiten und faszinierenden Kosmos der gesamten germanischen Kultur, ist nun in einen unentflechtbaren Zusammenhang zum eigentlichen Thema dieses Buches zu stellen: zu den Runen. Ohne den mythologischen und vor allem religiösen Hintergrund ist die Existenz der Runen nicht denkbar und genauso ist es umgekehrt. Man muss also die Welt der Germanen kennen, um zu verstehen, was es mit ihren Schriftzeichen auf sich hatte. Immer wieder sind bereits Kontexte aufgetaucht, in denen die Runen ganz selbstverständlich als göttliche Zeichen aufgetreten sind, und dieser Zusammenhang, der eigentlich Ursprung ist, soll nun noch genauer unter die Lupe genommen werden. Ganz am Anfang der Runen steht, wie bereits erzählt, der Göttervater Odin. Er empfing einst die Runen, während er neun Tage und Nächte in den Zweigen der Weltesche Yggdrasil hing, und machte sie so den Menschen erst zugänglich.

Dies ist in mehrerlei Hinsicht äußerst interessant. So zeigt es zum einen, in welcher intensiven Verbindung die Götter mit den Menschen standen und wie verflochten ihre Existenzen waren. Es war den Germanen ganz natürlich, dass Gottheiten in Schicksal und Leben der Menschen unmittelbar eingreifen konnten und dies auch taten. Odin etwa konnte unterschiedlichste Gestalten annehmen und so in direkte Interaktion mit den Menschen treten. Zum anderen zeigt es die Limitiertheit der Götter selbst: Sie sind nicht allwissend, nicht einmal Odin als Göttervater ist das, ganz im Gegenteil muss er ein erhebliches Selbstopfer bringen, um beispielsweise die Runen für die Menschen zu erlangen. Er wird also zum Mittler in einer Kette von den verborgensten, urtümlichsten und geheimnisvollsten Gestalten und Kräften, wie etwa den Nornen, bis hin zu den Menschen.

Die Verwendung der so überbrachten Runen durch die Menschen stellt sie schließlich in direkte Verbindung mit diesen göttlichen und fast „übergöttlichen" Mächten, was bereits das Entscheidende aussagt über diese Zeichen: Sie sind nicht zu vergleichen mit den Buchstaben, die Sie zum Beispiel hier in diesem Buch vor sich sehen. Sie sind keinesfalls einfach Schrift im Sinne eines festlegenden, also schriftlichen Organisationssystems. Ihre ursprüngliche Natur und ihr Zweck sind nicht der, den wir von unseren Buchstaben kennen, ebenso für etwa das griechische, das kyrillische oder das arabische Schriftsystem.

Hier geht es darum, Dinge aufzuschreiben, damit sie festgehalten werden, damit Nachrichten weitergegeben und von anderen Menschen empfangen werden können, damit wir uns besser erinnern können, damit Informationen vervielfältigt werden können etc. Diesen Zweck verfolgten auch bereits die antiken Römer oder Griechen, indem sie Bücher verfassten, die von Gelehrten gelesen und von Schülern zur Bildung verwendet werden konnten, ebenso, indem sie Briefe schrieben, um sich

Dinge zu erzählen oder Informationen zu übermitteln. Auch in der Organisation von Gesellschaft und Staat hatte die Schrift eine bedeutende Funktion. Ein komplexes politisch-staatliches Gebilde, wie diese beiden antiken Hochkulturen, wäre ohne die Möglichkeit schriftlichen Festhaltens völlig unmöglich gewesen. Genau das ist nun nicht die Art, in der die Germanen ihre Runenschrift zu nutzen pflegten.

Wir finden hier keine Bücher, in denen ihre Ideen diskutiert werden, keine Briefwechsel, keine umfassende staatliche Organisationsarbeit, keine Gesetzessammlungen und so weiter. Stattdessen weisen die meisten schriftlichen Zeugnisse der Runen darauf hin, dass diese Zeichen äußerst bedächtig und sparsam verwendet wurden. Ihre Verwendung diente in der Regel kultischen, religiösen oder sonstigen speziellen Zwecken – so wurden durch Runen Dinge geweiht, man erinnerte an Verstorbene oder wies auf besondere Vorkommnisse hin.

So wurden sie hauptsächlich, aber nicht ausschließlich, genutzt, es gibt tatsächlich auch Fundstücke, die auf wenig geistliche Verwendung schließen lassen. Als profane Buch- oder Urkundenschrift waren die Runen aber nie gedacht, erst im skandinavischen Hochmittelalter wurden sie eine Zeit lang so verwendet, dies geschah aber deutlich nach der Zeit, in der die Zeichen entstanden und eine tatsächliche Bedeutung hatten. Die Rune ist also ihrer ursprünglichsten und innersten Natur nach eine mythische, göttliche, kultische Angelegenheit und man darf sagen, dass Runen ohne Gottheiten keinen Sinn ergeben. Gerade deshalb ist es umso interessanter, noch einmal einen Blick darauf zu werfen, wo diese Zeichen denn auftauchen in der nordischen Mythologie. Hierbei hilft uns einmal mehr die Edda weiter, findet sich in ihr doch ein ganzer Teil, der nur von diesen alten Zeichen spricht. In sieben Teile untergliedert findet sich hier alles, was es aus mythologischer Sicht zur Entstehung und Verwendung der Runen zu wissen gibt.

Ein Runenmeister spricht und erzählt zunächst davon, wie diese Zeichen vom höchsten der Götter, vom „Raterfürst", vom „Zauberherrn" – Odin selbst – zu den Menschen gebracht wurden. Sie sind unverhandelbar göttlichen Ursprungs, „raterentsprossen", wobei als Rater gemeinhin die Götter bezeichnet wurden.

Im zweiten Teil erfolgt erneut die Schilderung, wie Odin die Runen in Yggdrasil hängend und vom eigenen Speer verwundet empfing. Anschließend erzählt die Edda von der Ausbreitung der Runen bei den Zwergen, bei den Göttern, bei den Menschen und überall, wo sie bekannt wurden. Sie erwähnt auch, dass Runen in den Zaubermet gemischt waren, von dem Odin trank, um Weisheit zu erwerben. Weiterhin wird erläutert, wo die Runen stehen, und daraus wird deutlich ersichtlich, welche schützende, segnende Macht man sich von ihnen erhoffte: Man findet sie eingeritzt in den Wagen des Donnergotts, Sleipnir – Odins Pferd – trägt sie auf den Zähnen, Siegfrieds Ross Grani hat Zeichen auf der Brust, man soll sie in Schlittenkufen und Trinkgefäße sowie auf Brückenfundamente und Sitzplätze zum Schutz gegen vergiftete Tränke ritzen – überall also kann und soll man auf ihre Macht vertrauen, es gibt keinen Bereich der Welt, in dem ihre Macht nicht wirken würde und wer Kenner und Herr der Runen ist, dem liegt auch die Welt zu Füßen.

Einige Runen werden anschließend erwähnt, so soll eine Siegrune zum Sieg verhelfen, Gebärrunen unterstützen die kreißende Frauen, mit Astrunen kann ein Arzt Heilung verschaffen und Brandungsrunen schützen das Schiff vor der Gewalt des Meeres, sogar Tote sollen zum Sprechen gebracht werden können, wenn man die richtigen Zeichen anzuwenden weiß. Und schließlich kann mit Runen die Zukunft vorhergesehen werden, in kultischen Ritualen können Kundige sie anwenden, wenn sie nur wissen, wie mit ihnen zu verfahren ist. Und wer sich nicht mit ihnen auskennt, der sollte die Finger davon lassen, heißt es immer wieder, denn es handelt sich um mächtige Zauberzeichen, mit denen nicht unkundig herumgespielt werden sollte. Auch vielen Göttern ist eine Rune zugeordnet, manchmal auch mehrere, mit Odin werden beispielsweise die Runen *mannaz* und *ansuz* in Verbindung gebracht. Diese unmittelbare göttliche Personalität in den Runen ist natürlich ein Grund mehr, diese Zeichen als etwas der reinen Weltlichkeit Entrücktes anzusehen und den Umgang nur mit Respekt und angemessener Ehrfurcht zu pflegen. Verwendet wurden Runen übrigens von vielen germanischen Stämmen, besonders oft bringen wir sie heute mit den Wikingern in Verbindung. Dies liegt unter anderem daran, dass sie einer der späteren Stämme waren, die sich dieser Zeichen bedienten, man war also bereits gewohnter und geübter im Umgang. Zudem kamen die Wikinger weit herum, ihre Schiffsreisen und die damit verbundenen Eroberungen sind legendär, was dazu führte, dass sie auch in entlegenen Gebieten ihre Spuren hinterließen – oftmals in Form von Runeninschriften.

Runensammlungen

Mit dem Hintergrundwissen – weitgefächert, aber für das wirkliche Verständnis dieser Zeichen und ihrer Geschichte unverzichtbar – sind Sie nun bereits vertraut und das eine oder andere Detail ist bereits aufgetaucht. Worüber jedoch noch nicht gesprochen wurde, sind Natur und Form der Zeichen selbst. Und hierfür sind einige erklärende Worte angebracht, denn das System dieses Alphabets ist komplex.

Den durchschnittlichen Nutzer der lateinischen Schrift etwa verblüffen und verwirren zunächst die unterschiedlichen Ebenen der Zeichen. Zunächst können sie verwendet werden wie unser Alphabet, ein Zeichen – eine Rune – wird also wie ein Laut verwendet, etwa p, s, i, ei etc. (Feinheiten, wie sie den Sprachwissenschaftlern mit dem IPA, dem Internationalen Phonetischen Alphabet, bekannt sind, findet man allerdings nicht). Daneben trägt jede Rune einen Namen, in der Regel entspricht der erste Laut dieses Namens dem Lautwert der Rune. In unserem Alphabet kennen wir dieses Prinzip etwa vom Buchstaben z, der als

„zett“ bezeichnet wird, sein Lautwert – also seine Aussprache innerhalb eines Wortes, etwa in „Zahn“ oder „bezwingen“ – entspricht dem ersten Laut seiner Bezeichnung „zett“. Die Rune für den Laut n etwa heißt *nauthiz*, für den Laut h heißt sie *hagalaz*, der Laut i wird mit *isa* bezeichnet. Hierbei fällt schon deutlich auf, dass die Namen der Runen im Vergleich zu ihrem Lautwert erheblich komplexer sind und von unserem gewohnten Alphabetverständnis abweichen. Ähnlich komplex ist höchstens unser y, das wir als „ypsilon“ bezeichnen. Allerdings gibt es einen großen Unterschied zu unserem Ypsilon oder Zett: Die Namen der Runen sind bereits existierende Wörter, und zwar übliche, typische Wörter, die eben mit genau dem bezeichneten Laut beginnen. Es gibt jedoch auch Ausnahmen von der Anfangsregel: Die Rune, die den Laut z abbildet, heißt *elhaz* oder *algiz,* ihr Lautwert wird also nicht mit dem ersten, sondern mit dem letzten Buchstaben bezeichnet.

Sie können sich sicher vorstellen, dass die unterschiedlichen Ebenen, auf denen jedes einzelne Zeichen verstanden werden kann, Übersetzungen und Deutungen von Runenfunden zusätzlich verkomplizieren können – das Fehlen von Standardwerken oder Lehrbüchern macht die Sache ohnehin schon zu einer Herausforderung.

Zusätzlich können die einzelnen Runen auch noch für Zahlenwerte stehen und als magische Zeichen verstanden werden. Und als wäre die Interpretation dadurch nicht schon kompliziert und geheimnisvoll genug, ist auch die Schriftrichtung nicht zwingend festgelegt: Meist schrieb man von links nach rechts, manchmal jedoch auch andersherum und geläufig war ebenso der Richtungswechsel mit jeder Zeile. *Binderunen,* auch als *Ligaturen* bezeichnet, verbinden zwei Zeichen zu einem, ebenso existieren *Wenderunen* (gegen die Schriftrichtung) und *Sturzrunen* (auf dem Kopf stehend). Ebenfalls erwähnt werden muss, dass die Schreibung der einzelnen Runennamen nicht immer ganz einheitlich ist, was in erster Linie daran liegt, dass Aussprache und Bedeutungen rekonstruiert werden mussten und zudem die Zeit einige Veränderungen mit sich brachte.

Rein äußerlich lassen sich Runen mit bestimmten Schemata beschreiben. Der Ansatz des Wissenschaftlers Elmer Antonsen arbeitet mit den Kategorien *Stäbe, Zweige, Taschen* und *Ecken*, wobei Stäbe senkrechte Linien über die gesamte Zeilenhöhe hinweg beschreiben, Zweige bezeichnen waagrechte oder auch schräge Linien, vollständig umgebene Flächen werden als Taschen bezeichnet und geknickte senkrechte Linien sind Ecken. Ebenfalls gebräuchlich ist es, lediglich von Stäben, Zweigen und *Haken* zu sprechen. Für unsere Zwecke sind diese sprachwissenschaftlichen Feinheiten jedoch von untergeordneter Bedeutung, es kann allenfalls nützlich sein, ein paar Grundbegriffe schon einmal gehört zu haben.

Die frühesten Runenfunde datieren auf das 2. nachchristliche Jahrhundert, allerdings ist davon auszugehen, dass die Zeichen auch früher schon verwendet wurden. Zudem ist bis heute nicht exakt geklärt, woher bzw. aus welcher Zeichensprache die Runen stammen, Vorläuferzeichen sind also auch zu vermuten. So wird heute die Inschrift auf dem *Kamm von Vimose* als ältester Fund angesehen, der aus der Zeit zwischen 150 und 200 n. Chr. stammt. Es gibt zwar einen weiteren Fund, der noch ein wenig älter ist und vermutlich auf das 1. nachchristliche Jahrhundert datiert werden kann – eine beschriftete Gewandspange, die in Schleswig-Holstein gefunden wurde –, allerdings lässt sich hier nicht mit Sicherheit sagen, dass es sich bei den eingeritzten Zeichen um Runen handelt oder vielleicht nur um ähnliche Vorläuferzeichen.

Zudem ist heute bekannt, dass es mehrere Runenalphabete gab, die zu unterschiedlicher Zeit bzw. zum Teil auch in unterschiedlichen Gebieten gebräuchlich waren.

Am wichtigsten sind für uns heute die beiden Runenreihen des älteren und des jüngeren *Futharks.* Auf diese beiden soll in den nächsten Kapiteln ein näherer Blick geworfen werden, wobei auch die genaue Bedeutung der einzelnen Zeichen betrachtet und erfasst werden kann.

Übrigens: Das Wort Rune stammt von verschiedenen altnordischen bzw. keltischen Wörtern ab, die alle auf einen gemeinsamen urnordischen Wortstamm zurückzuführen sind. Sie bergen jeweils Bedeutungen wie „Geheimnis, Zauberzeichen, Schriftzeichen, Geflüster". Im Deutschen hat sich der Wortstamm in „raunen" erhalten – was schließlich auf geheimnisvolles Flüstern hindeutet.

DAS ÄLTERE FUTHARK UND SEINE NACHFOLGER

Am bekanntesten ist heute sicherlich das ältere Futhark, gewissermaßen die Ausgangsbasis des Runensystems. In den meisten Veröffentlichungen beziehen die Autoren sich auf dieses System, das aus 24 Zeichen besteht. Das Wort Futhark selbst entsteht übrigens durch die Aneinanderreihung der ersten sechs Buchstaben dieses Alphabets, ganz ähnlich wie dieser Begriff im Griechischen aus *alpha* und *beta* – den ersten beiden Buchstaben – gebildet wurde. Hier werden nun diese 24 Zeichen dargestellt, bezeichnet und mit entsprechenden Erklärungen versehen.

Dies folgt einem festen Schema, und zwar wird zunächst die Runennummer angegeben, dann ihr Name, dann der Buchstabe, den sie abbildet, und danach die Übersetzung des Runennamens. Daran schließen sich Erläuterungen zur weiter gefassten Übersetzung und auch zur Bedeutung an. Eine letzte Anmerkung ist hier vielleicht vonnöten: Gerade im Bereich der weiter gefassten Bedeutungszuschreibung ist vieles nicht klar festgelegt, was mehrere Gründe hat. Diese Bedeutungen sind nur assoziativ zu erschließen, indem die vorhandenen Inschriften kontextualisiert werden und man sich bemüht, letztlich ihre Absicht zu entschlüsseln. Dabei sind die Runen Zeichen, die für einzelne Ideen, Aspekte oder auch ganze Gedankensysteme stehen können, mit denen die Menschen des 21. Jahrhunderts schlicht nicht mehr sonderlich vertraut sind. Verschiedene Forscher haben verschiedene Ansätze gefunden, die jedoch – und das ist dem magischen Charakter der Runen an sich geschuldet – das Bild nur immer noch erweitern.

Man könnte also sagen, dass die Ideen, die die ursprünglichen Anwender hinter die Zeichen gestellt haben, weiter und weiter erahnt werden können, womit wir uns schließlich auf die spirituelle Ebene begeben, auf der wir diesen Zeichen begegnen sollten. Und schließlich verbot auch der magisch-kultische Charakter stupide, formelhafte Festlegungen – wenn man vom Göttlichen, Übermenschlichen, Mystischen spricht, sollte man sich nicht anmaßen, es mit menschlichen Worten in unverrückbare Formen zu gießen. Behalten Sie also einen offenen Geist, der bereit ist, Botschaften und Erkenntnisse zu empfangen, während Sie sich mit den Runen befassen. Wer präzise, nüchterne Formeln wünscht, ist in der Welt der Mathematik vermutlich besser aufgehoben.

Rune Nummer 1, ihr Name ist *fehu,* bildet den Buchstabenlaut f ab. Fehu bedeutet Vieh, freier übersetzt auch beweglicher Besitz oder allgemein materieller Wohlstand und Reichtum. Im weiteren Sinne bezeichnet diese Rune auch spirituellen Reichtum, geistige Ausgewogenheit und somit Sicherheit und sie steht ebenfalls für die Aufforderung, diese spirituelle Fülle zum Wohle aller zu nutzen und nicht nur eigennützig einzusetzen. Auch sozialer Erfolg kann in die Bedeutung eingeschlossen sein.

Rune Nummer 2, ihr Name ist *uruz,* bildet den Buchstaben u ab. Uruz bedeutet Auerochse oder Urrind. Im weiteren Sinne wird hiermit die ursprüngliche, natürliche Kraft in Verbindung gebracht. Damit ist physische Stärke gemeint, es geht um Instinkte, Gesundheit, Überlebenswillen und Triebe – also all die Dinge, die in ganz unmittelbarer Verbindung mit unserer irdischen, körperlichen Existenz stehen.

Rune Nummer 3, ihr Name ist *thurisaz* oder *þurisaz,* bildet den Laut ab, der sich im Englischen etwa aus th ergibt. Übersetzt wird thurisaz entweder mit Riese oder mit Dorn, sie steht in Verbindung mit wilder, männlicher Kraft, auch Zerstörungskraft ist in ihrer Bedeutung enthalten, jedoch ebenfalls Durchsetzungskraft, Entscheidungsklarheit und schöpferische Kraft.

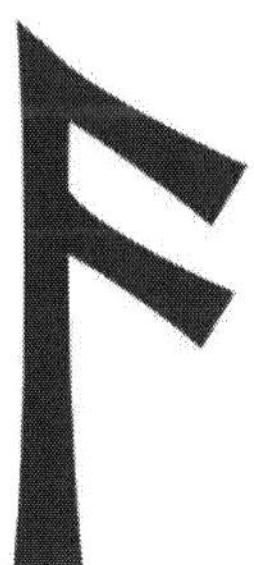

Rune Nummer 4, ihr Name ist *ansuz,* bildet den Buchstaben a ab. Übersetzt wird sie mit *Ase,* jedoch auch mit Mund, womit sie in der ersten Bedeutung für das Göttergeschlecht der Asen steht. Sie wird auch als Odins Rune verstanden und steht so für die Beziehung der Menschen zum Göttlichen und Spirituellen und auch für die Kommunikation mit den Gottheiten. Weisheit, die Fähigkeit zur Weitsichtigkeit, zur Ahnung, Inspiration und Magie werden mit diesem Zeichen in Verbindung gebracht.

Rune Nummer 5, ihr Name ist *raidho,* bildet den Buchstaben r ab. Übersetzt werden kann sie mit Rad, Ritt, Fahrt oder Wagen. Sie ist die Rune der Bewegung und Reise, jedoch auch die Rune von Kreisläufen und Ordnungen, wie etwa des Kreislaufs des Lebens, des Zyklus (die Reise) der Sonne etc. Wandel, Wachsen und Veränderung im Laufe des Lebens sind ebenfalls in ihrer Bedeutung enthalten.

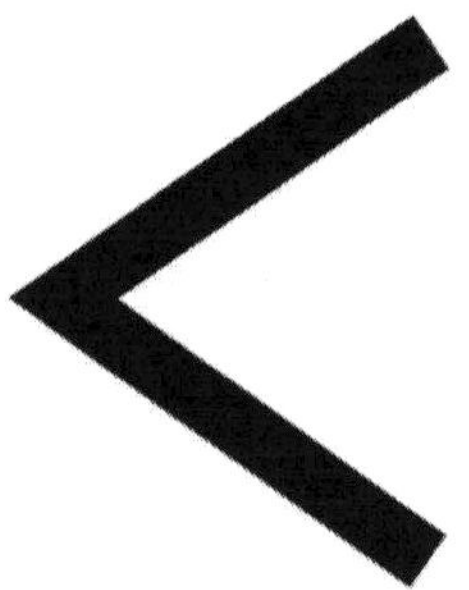

Rune Nummer 6, ihr Name ist *kenaz* oder *kauna,* bildet den Buchstaben k ab. Man kann sie mit Fackel, Feuer oder Kien übersetzen, manchmal wird auch die Entsprechung Geschwür herangezogen. Weiter gefasst geht es also um Erleuchtung und Erkenntnis, im übertragenen Sinne um Licht in gedanklicher Finsternis. Auch das Feuer der Leidenschaft, ebenfalls in sexueller Hinsicht, kann damit bezeichnet werden. Gerade in Verbindung mit der Übersetzung als Geschwür kommt jedoch auch das Verständnis als unkontrollierbar wütende Kraft infrage.

Rune Nummer 7, ihr Name ist *gebo*, bildet den Buchstaben g ab. Übersetzen lässt sich ihr Name mit Geschenk oder Gabe. Sie ist eine Rune der Verbundenheit, da Geben ohne Nehmen nicht möglich ist. Austausch, Balance und auch Harmonie durch Einhaltung von Vereinbarungen und Verträgen finden sich in ihrer Interpretation, ebenso wird Bezug genommen auf Verbindungen zwischen Menschen wie Ehe oder Kameradschaftlichkeit.

Rune Nummer 8, ihr Name ist *wunjo,* bildet den Buchstaben w ab. Ihr Name lässt sich mit Wonne, Freude oder Glück übersetzen. Sie ist die Rune der Ausgeglichenheit, Zufriedenheit und auch der Verbindung, da dieser selige Zustand nur in Einklang mit Stamm, Familie, Partner etc. erreicht werden kann. Auch Aspekte von Besitz und damit verbundener Sicherheit klingen an.

Rune Nummer 9, ihr Name ist *hagalaz,* bildet den Buchstaben h ab. Übersetzen lässt sie sich mit Hagel und von diesem lässt sich auch ihre erweiterte Bedeutung ableiten: plötzliches, zerstörerisches Verderben. Somit steht sie für jähes Unheil, allerdings lässt sich diese Bedeutung weiterführen. Denn durch Zerstörtes entsteht Raum für Neues, weshalb sie auch mit Entwicklung, Evolution und der Neuerschaffung in Verbindung steht. Die Rune fordert Mut und Kraft für Neuanfänge und Transformationsprozesse.

Rune Nummer 10, ihr Name ist *naudhiz* oder *nyd,* bildet den Buchstaben n ab. Übersetzt wird sie mit Not, ihre Bedeutung beschränkt sich aber nicht auf das wörtliche Verständnis dieses Wortes. So geht es nicht nur um Mangel und Unglück, sondern ebenso um Notwendigkeit, also um Dinge, die sein müssen – letztlich um schicksalhafte Zusammenhänge. In enger Verbindung damit steht auch das Akzeptieren und Annehmen schwieriger Umstände; naudhiz ist zudem die Rune der Nornen, die für das Schicksal verantwortlich sind.

I

Rune Nummer 11, ihr Name ist *isa,* bildet den Buchstaben i ab. Übersetzen lässt sie sich mit Eis, sie steht aber im erweiterten Sinne auch für Erstarrung und Stillstand. Ganz wie Eis eben Wasser ist, dass in seiner Bewegung eingefroren ist, so deutet isa auf Innehalten und damit auch auf Konzentration und Besinnung hin. Deshalb spielen auch Willenskraft und das Annehmen von Herausforderungen eine Rolle. Auch noch weiter gefasste Betrachtungen sind möglich: Das endgültige Einfrieren bedeutet den Tod, allerdings kann zu Eis gefrorenes Wasser auch eine Brücke bilden. Und schließlich denke man ebenfalls an den Schöpfungsmythos der Germanen, aus dessen Ureis sich fruchtbar die ersten Wesen lösten. Die Gefahren der Rune: Blockaden und Erstarrungen sowohl körperlicher als auch seelischer Art, Verschwendung von Möglichkeiten und die Unfähigkeit, Potenziale zu sehen.

Rune Nummer 12, ihr Name ist *jera* oder *jǣra,* bildet den Buchstaben j ab. Übersetzt wird sie einfach mit Jahr, oft aber auch mit gutes Jahr oder Ernte. Dies gibt bereits einen deutlichen Hinweis auf ihre weitere Bedeutung als Rune des Jahreskreises, sie weist auf den Zeitpunkt der Ernte hin, wenn also die Früchte der Arbeit eines ganzen Jahres wortwörtlich geerntet werden. Hier geht es auch um den Dualismus Säen-Ernten – ein Jedes muss zur rechten Zeit getan werden, um schließlich das Gewünschte zu erlangen, was sich auch auf andere Bereiche des Lebens übertragen lässt.

Rune Nummer 13, ihr Name ist *eihwaz* oder *ihwa,* bildet die Laute i oder auch ei ab. Übersetzt wird sie mit Eibe und hiervon leitet sich eine ihrer Hauptbedeutungen ab, denn sie steht in Verbindung mit Yggdrasil, die zwar meistens als Esche, manchmal jedoch auch als Eibe beschrieben wird.

Auch diese Rune steht für die Zyklen von Leben, Vergehen, Sterben und Neuentstehen, was mit der Wuchsart des Baumes zu tun hat, indem stets neue Schößlinge heranreifen, während die alten absterben und verfaulen. Sie ermutigt zum Willkommen-Heißen von Veränderungen und steht für Übergänge ebenso wie für Gegensätze. So ist Eibenholz zwar hart, jedoch biegsam, und manche Bestandteile sind giftig, andere nicht.

Rune Nummer 14 heißt *perthro, pertho* oder *perþō* und sowohl Name als auch Laut sind nicht ganz klar, vermutlich bildete sie aber ein p ab. Deswegen ist auch die Übersetzung schwierig und lediglich als Rekonstruktion aus dem Urnordischen leistbar, dann werden sowohl Fruchtbaum als auch Würfelbecher vorgeschlagen. Die Rune steht in Verbindung mit Schicksal und Geheimnis, wobei stets auch die bewusste Annahme des Schicksals durch den Menschen Teil davon ist. Auch weibliche Mysterien und Geburt werden oftmals damit in Verbindung gebracht.

Rune Nummer 15, ihr Name ist entweder *algiz* oder *elhaz,* bildet den Buchstaben z oder auch eine Art r als Endlaut ab. Interessant ist zudem, dass die Rune oft auf dem Kopf stehend auftaucht. Übersetzt wird sie mit Elch, ihre Bedeutung ist aber deutlich umfassender. Sie gilt als Schutzrune und wird auch zur Anrufung der Götter mit der Bitte um Schutz verwendet. Die Verbindung mit dem Elch ist jedoch nicht zufällig, vielmehr galt er den Germanen als mächtiges Tier, das durch besondere Empfindsamkeit ebenfalls Schutz gewähren konnte. Auch mit heiligen Stätten wird diese Rune in Verbindung gebracht.

Rune Nummer 16, ihr Name ist *sowilo* oder *sowulo,* bildet den Buchstaben s ab. Für diese Rune existieren mehrere Formen, die leicht unterschiedlich aussehen, so kann sie auch spiegelverkehrt geschrieben werden oder mit einer weiteren Zacke seitlich liegend. Die oben abgebildete Variante ist jedoch die am weitesten verbreitete, Geschichtskundige kennen sie als Wappen der Waffen-SS Nazideutschlands. Übersetzen lässt sie sich mit Sonne, deshalb galt sie den Germanen auch als mächtige Rune, da aus der Kraft der Sonne alles Leben entspringt. Sie wird mit Willenskraft, Ehre, Anstrengung und Sieg in Verbindung gebracht, allerdings birgt sie ebenfalls die Gefahr falscher Ziele und falschen Rates. Eines gehört hier noch angemerkt: Ohnehin sollten Sie die mächtigen Zeichen nicht bedenkenlos irgendwo hinkritzeln, das entspricht schlicht nicht der Natur der Sache, besonders vorsichtig müssen Sie aber mit der s-Rune sein. Die sogenannte Siegrune ist als Kennzeichen verfassungswidriger Organisationen in Deutschland und Österreich verboten, wer sie beispielsweise auf der Kleidung trägt oder als Graffiti anbringt, kann sich strafbar machen.

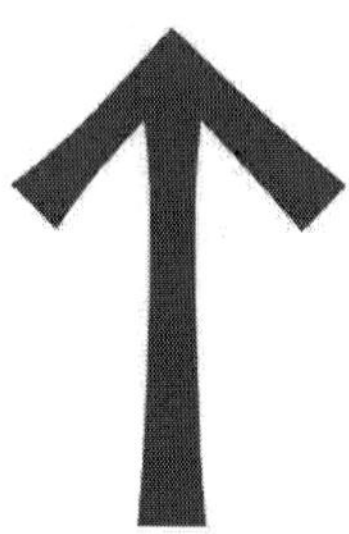

Rune Nummer 17, ihr Name ist *tiwaz* oder *teiwaz,* bildet den Buchstaben t ab. Übersetzen lässt sie sich mit dem Namen des Himmelsgottes Tyr und steht auch für den Polarstern am Himmelszelt. Damit ist sie Zeichen von Orientierung und auch Ordnung und steht wie Tyr selbst ebenfalls mit dem Thingrecht in Verbindung, darüber hinaus grundlegend mit Rechtsordnung und Gesetz. Aber auch um fairen Kampf und hart erkämpften Sieg geht es bei dieser Rune, sie steht für Erfolg und im richtigen Kontext ebenfalls für Selbstaufopferung. Sie ist somit auch mit Tugenden wie Treue und Ehre in Zusammenhang zu bringen.

Rune Nummer 18, ihr Name ist *berkana,* bildet den Buchstaben b ab. Ihr Name wird mit Birkenzweig oder auch einfach mit Birke übersetzt. Die Birke wird mit Reinigung und Läuterung in Verbindung gebracht, ebenso ist es jedoch ihr frisches junges Grün, das nach einem langen nordischen Winter zuerst sichtbar wird. Somit steht berkana auch für

Vitalität und erwachendes Leben, ebenfalls für Fruchtbarkeit, mütterliche Fürsorge und Geborgenheit. Die Vorstellung einer Erdenmutter, die alle mütterlichen und fraulichen Attribute in großem Maßstab in sich vereint, steht ebenfalls damit im Zusammenhang.

Rune Nummer 19, ihr Name ist *ehwaz*, bildet den Buchstaben e ab. Vorsicht: Man verwechselt sie aufgrund ihrer Form häufig mit unserem Buchstaben m, zumal auch das Runenzeichen für m sehr ähnlich ist (siehe Rune Nummer 20). Übersetzen lässt sie sich mit Pferd, womit die Germanen einen ganzen Bedeutungskosmos verbanden. Es diente ihnen als wichtigstes Fortbewegungsmittel und wurde so zum Symbol für Bewegung im Gegensatz zum Stillstand schlechthin, weiterhin galten Pferde als heilige Tiere (siehe etwa Sleipnir, Odins Ross). Allgemein wurde hier die Verbindung zwischen Mensch und Tier sichtbar, indem der Mensch über das Tier zwar Kontrolle hat, das Tier jedoch in einem Verhältnis der Treue zu seinem Herrn steht. So steht ehwaz auch für eheliche Treue und Verbindung sowie für Verlässlichkeit, Loyalität und Vertrauen.

Rune Nummer 20, ihr Name ist *mannaz*, bildet nun den Buchstaben m ab und ist auch in ihrer äußeren Form der vorigen Rune Nummer 19 ähnlich. Sie lässt sich mit Mensch übersetzen und steht für alles, was den Menschen ausmacht. Sie wird auch als Spiegelrune bezeichnet und zeigt somit dem Menschen sein wahres Wesen. Mit ihr verbunden werden Erkenntnis, Weisheit, Begreifen und Intelligenz, aber ebenso geht es um zwischenmenschliche Aspekte wie Kommunikation, Familie, Freundschaften sowie soziale Ordnung und gesellschaftliche Stellung.

Rune Nummer 21, ihr Name ist *laguz*, bildet den Buchstaben l ab. Übersetzt wird sie in der Regel mit Wasser oder Meer, manchmal führt man sie auch auf das Wort Lauch zurück, wobei allerdings erstere Deutung weitergefassten Sinn ergibt. Somit steht sie für Quell und Ursprung allen Lebens, was schließlich ohne das kostbare Nass nicht möglich wäre.

Lebenskraft, Heilung und Vitalität stehen damit in engem Zusammenhang, sie wird aber auch für das Unbewusste, für Träume und für die Fantasie verwendet, ebenso für andauernde Bewegung und Veränderung.

Rune Nummer 22, ihr Name ist *ingwaz, inguz* oder einfach *ing,* bildet in etwa den zweiten Laut im deutschen Wort Ingwer ab, also das ng. Übersetzen lässt sie sich mit dem Namen des Gottes Ing bzw. Freyr, der Gott der Fruchtbarkeit. Insbesondere geht es hierbei um Attribute männlicher Fruchtbarkeit, Samen, Zeugung und um die Rolle des Vaters und Hausherrn, jedoch auch die Fruchtbarkeit von Feldern und Erntereichtum werden damit in Verbindung gebracht. Ingwaz ist zudem eine Rune der Meditation, Konzentration, der inneren Einkehr und der spirituellen Reifung.

Rune Nummer 23, ihr Name ist *dagaz*, bildet den Buchstaben d ab. Ihre Übersetzung ist einfach, dagaz heißt nichts anderes als Tag. Sie ist die Rune des Lichts und wird gerne auch konkret mit der hellsten Stunde des Tages oder mit dem Mittsommer in Verbindung gebracht. Sie steht im Gegensatz zur Nacht und bringt auch im geistigen Sinne Klarheit und Begreifen. Dagaz ist eine durchweg positiv besetzte Rune und wird ebenfalls als starkes Schutzzeichen gesehen, weshalb man sie gern über Fenster und Türen malt. Auch Neuanfänge stehen dazu in Verbindung, wie eben nach jeder Nacht ein neuer Tag anbricht.

Rune Nummer 24, ihr Name ist *othalan* oder *ōþala(n)*, bildet den Buchstaben o ab. Das Wort wird meist in etwa mit der Bedeutung Stammgut oder Erbbesitz übersetzt. Sie bildet damit einen großen Bedeutungskomplex ab, in dem Attribute wie Tradition, alte Überlieferungen, Gemeinschaft und Zugehörigkeit, Verwurzelung und Ererbtes eine Rolle spielen. Es geht um die Verbindung zu Heimat und Vaterland, jedoch nicht nur im geografischen Sinne, sondern weiter gefasst im Sinne von Dingen, Gebräuchen und auch Örtlichkeiten, zu denen man durch Ahnen und Familie zugehörig ist. Ohnehin spielte der Ahnenkult bei den Germanen eine große Rolle, Anteile davon finden sich in der Bedeutung dieser letzten Rune wieder. Auch diese Rune darf aufgrund ihrer Verwendung im Zusammenhang mit dem Nationalsozialismus nicht ohne Weiteres gezeigt werden.

Diese 24 Zeichen stellen nun die Runenreihe des älteren Futharks dar, leichte Abwandlungen in der Form finden sich für fast alle Buchstaben. Man kann getrost sagen, dass es sich hierbei um die zumindest im deutschen Sprachraum mit Abstand wichtigste Runenreihe handelt, und nahezu alle, die sich heute in sprachwissenschaftlicher Hinsicht mit

Runen beschäftigen, nehmen auf dieses System Bezug. Dafür gibt es einen plausiblen Grund: Das Nachfolgermodell – das sogenannte jüngere Futhark – war im Prinzip eine lediglich reduzierte Zeichenreihe. Man bezeichnet dieses Futhark auch als altnordische Runenreihe, während des 7. und 8. Jahrhunderts „schrumpfte" das ursprüngliche System – das ältere Futhark – auf nun mehr 16 Zeichen.

Dies hatte zur Folge, dass einzelne Zeichen dann mehrere Laute gleichzeitig abbilden mussten, so war etwa die u-Rune uruz dann ebenfalls für die Laute u, y, o und ö verantwortlich. Manche Runen entfielen einfach, andere wurden leicht verändert. Später kompensierte man den Lautverlust bzw. die daraus entstehenden Unklarheiten, indem man ein Punktierungssystem einfügte und in Einzelfällen sogar neue Zeichen erfand. Allerdings geschah dies zu einer Zeit, in der das lateinische Schriftsystem längst flächendeckend etabliert und nutzbar war, und es erfolgte wohl eher aus einer Haltung der Wertschätzung für die altgermanische Kultur heraus.

Mit Blick auf die spirituell-mystische Kraft der Runen sind diese Zeichen dann jedoch uninteressant, man kann sie nur als künstliche Schöpfung fernab des Horizonts, vor dem sie einst ihre magische Bedeutung erhalten haben, betrachten. Es ist anzunehmen, dass genau aus diesem Grund die meisten Menschen, die heute etwa Namen mit Runen deuten oder Runenmeditationen betreiben, mit dem Zeichensystem des älteren Futharks arbeiten. Der Vollständigkeit halber sollen jedoch diese anderen Runensysteme noch kurz erläutert werden. Vom neueren Futhark existierten schließlich zwei Varianten, wobei die eine als *Dänische Runen, Langzweigrunen* oder auch *Normalrunen* bezeichnet wird, die anderen hingegen findet man unter den Bezeichnungen *Rökrunen* oder *Kurzzweigrunen.*

Die zweite Variante ist ihrer Form nach etwas einfacher als die erste und scheint tendenziell eher der Alltagsverwendung gedient zu haben, insbesondere wurde sie wohl für Holzinschriften verwendet. Allerdings ist die längste bis heute gefundene Runeninschrift zu großen Teilen ebenfalls in Rökrunen verfasst, weshalb diese Zeichenform auch danach benannt wurde: der *Rökstein* im schwedischen Östergötland. Und auch die Wikinger, die ja weit in der Welt umher kamen, nutzten die verschiedenen Formen des jüngeren Futharks, weswegen derartige Funde in einem weiten Gebiet verbreitet sind. Im Bereich des heutigen Großbritanniens findet sich zudem die angelsächsische Runenreihe, die sich zwischenzeitlich auf bis zu 33 Zeichen erweitert hatte und vor allem der sich entwickelnden Sprache der dortigen Gegend angepasst war.

RUNENSCHLÜSSEL – RUNENALPHABET UND NUMEROLOGIE ZUR NAMENSDEUTUNG NUTZEN

Das vorige Kapitel war gewissermaßen eine geballte Ladung Faktenwissen – aber dieses wird nun auch gebraucht. Die nüchternen Basisinformationen, wie etwa die Abbildung einzelner Laute, bilden nun die Grundlage der Arbeit mit diesen Zeichen. Eine der häufigsten Anwendungen ist zunächst das Deuten von Namen. Zunächst klingt das vielleicht nicht sonderlich spektakulär, allerdings gibt es kaum etwas so Persönliches und ständig-unmittelbar Begleitendes wie den eigenen Namen. Kritiker solcher Ansichten protestieren an dieser Stelle oft mit dem Verweis darauf, dass der eigene Name einem schließlich „übergestülpt“ wurde, ohne dass man selbst mit seiner Persönlichkeit darauf hätte Einfluss nehmen können. Zudem wählen auch die Eltern den Namen ihres

Kindes zu einem Zeitpunkt, an dem sie über sein Wesen und seine charakterlichen Ausprägungen noch kaum etwas wissen können. Und doch: Es liegen Bedeutung und Zauber in Namen, darin sind sich spirituelle Menschen aller Bevölkerungsgruppen und Epochen einig. Argumentieren lässt sich dabei im Wesentlichen aus zwei Richtungen: Viele Menschen gehen davon aus, dass der Name einem Kind (und späteren Erwachsenen) gewissermaßen zugewiesen wird, und zwar von Kräften, die weit mächtiger und abstrakter sind als die Gedankenspiele werdender Eltern.

Je nach Glaubensausprägung wird der Name dann als gottgegeben verstanden oder eben als gegeben von einer anderen Kraft, in jedem Falle steckt dahinter die Auffassung, dass es einen größeren Zusammenhang gibt, in dem ein Name „richtig" ist – und natürlich hat dieser Name dann eine große Bedeutung für das Individuum.

Und dann kann man die Sache aus der entgegengesetzten Richtung betrachten: ein Name formt einen Menschen. Immerhin ist unser Name unser ganzes Leben lang ein treuer Begleiter, wir hören ihn liebevoll von unserer Mutter, noch bevor wir den Sinn von Worten kennen, er wird mahnend von Erziehern gesprochen, Spielkameraden juchzen ihn oder veralbern uns damit, wir lernen ihn in krakeliger Handschrift schreiben und bilden später ein ganz spezifisches Schriftbild davon aus, mit dem wir Verträge vor dem Gesetz gültig machen, Liebhaber raunen ihn in intimen Momenten in unser Ohr, kurz gesagt: Es wäre merkwürdig, anzunehmen, dass dieser Name keine Bedeutung und keine Wirkung auf uns haben würde. Runen kann man nun in zweierlei Hinsicht dafür verwenden. Die Erste ist recht profan, man schreibt hierbei einfach seinen Namen in Runenzeichen statt in lateinischen Buchstaben. Wenn ihr Name beispielsweise Karl wäre, sähe das folgendermaßen aus: karl.

In diesem Falle gelingt die Umschrift noch ohne Probleme, es gibt aber Fälle, in denen gewisse Fallstricke zu vermeiden sind. Wer etwa ein c im Namen trägt, wird in der Runenreihe natürlich kein c finden – der Lautwert allerdings ist schließlich nicht anders als der des k und deswegen wird dieser verwendet. Carmen etwa sähe also folgendermaßen aus: carmen. Ö-Umlaute müssen ersetzt werden, statt ö müsste entweder ein oe oder einfach ein o geschrieben werden.

Was Sie hier tun, ist letztlich schlichtes Übersetzen – magisch oder bedeutungsvoll ist daran nichts. Das ändert sich, wenn Sie nun dazu übergehen, Ihren Namen zu deuten. Im Ergebnis erhalten Sie dabei eine einzelne Rune, die für Ihren Namen steht. Dazu benötigen Sie nun die Zahlenwerte der einzelnen Runen, die im vorigen Kapitel jeweils angeführt wurden. Die Runen stehen in der richtigen Reihenfolge, haben also aufsteigende Zahlenwerte von 1 bis 24, was der Anordnung des Alphabets bei den Germanen entspricht.

Schreiben Sie nun Ihren Namen auf ein Blatt Papier. Sie können, wenn Sie möchten, einfach nur Ihren Vornamen verwenden, viele Runenkundige verweisen aber darauf, dass auch Zweit- und Nachnamen eine nicht zu vernachlässigende Bedeutung haben. Letztlich entscheiden aber Sie – vielleicht fühlt es sich ganz ausdrücklich richtig an, Ihr Wesen nur von dem Namen bezeichnen zu lassen, mit dem Sie gerufen werden, oder womöglich verspüren Sie gar eine ganz besondere Beziehung zu einem Zweitnamen, der kaum jemandem überhaupt bekannt ist. Folgen Sie Ihrem Gespür – wenn Sie sich in den Bereich des Spirituellen und Mystischen begeben, ist dies ohnehin der wichtigste und vielleicht einzig universell gültige Ratschlag. Schreiben Sie also den Namen, für den Sie sich entschieden haben, auf und ordnen Sie anschließend jedem Buchstaben die entsprechende Zahl zu. Wenn Sie etwa Johanna heißen, sähe dies folgendermaßen aus: J-12, o-24, h-9, a-4, n-10, n-10, a-4. Nun addieren Sie alle Zahlen, also 12+24+9+4+10+10+4=73. 73 ist nun eine größere Zahl als 24, deswegen müssen Sie hiervon die Quersumme bilden, also 7+3=10. Diese Zahl gibt nun Ihre Namensrune an, im Falle von Johanna wäre es die Rune Nummer 10, naudhiz. Entschließen Sie sich, Ihren ganzen Namen zu verwenden, so bleibt das Prozedere an sich gleich. Betrachten wir zur Erläuterung den Namen Sebastian Franz Hauptmann. Die Arbeit wird etwas mühsamer und die Notiz sieht wie folgt aus: S-16, e-19, b-18, a-4, s-16, t-17, i-11, a-4, n-10, f-1, r-5, a-4, n-10, z-15, h-9, a-4, u-2, p-14, t-17, m-20, a-4, n-10, n-10. Anschließend wird die Addition durchgeführt:

16+19+18+4+16+17+11+4+10+1+5+4+10+15+9+4+2+14+17+20+4+10+10=240. Abschließend erfolgt die Quersummenberechnung: 2+4+0=6. Rune Nummer 6, kenaz, ist dann Ihre Namensrune. Bei außergewöhnlich langen Namen könnte sich theoretisch bei der Quersummenberechnung ebenfalls eine Zahl ergeben, die über 24 liegt. Dann muss von dieser erneut die Quersumme gebildet werden. Nun haben wir die Namensrune festgestellt, die interessante Frage folgt aber erst noch: Was bedeutet nun diese Namensrune für mich?

Die Deutung liegt letztlich in dem, was bereits bei der Vorstellung der einzelnen Runen gesagt wurde. Als göttliche Zeichen mit magischer Kraft liegt in ihnen selbst ihre Botschaft, aber natürlich braucht es einen Menschen, um aus den abstrakten Assoziationen persönlich wertvolle Schlüsse zu ziehen. Es gibt Anbieter professioneller Deutungsdienste, die beispielsweise im Internet anbieten, die Namensrune zu ermitteln und diese anschließend zu deuten, oftmals noch mit zusätzlichen Querverbindungen zu anderen spirituellen Zahlen- und Buchstabentheorien. Der Autor dieses Buches steht solchen Angeboten aus mehrerlei Gründen skeptisch gegenüber. Zunächst wird oftmals ein absurd hoher Preis für eine Dienstleistung verlangt, von der zumindest ein Teil mit wenigen

Handstrichen erledigt werden kann (simple Errechnung der Namensrune). Dann wird zwar eine weitergehende Deutung angeboten, wie dies aber über einen Kontakt, der sich auf den Austausch von Namen und Bankdaten per Mail beschränkt, möglich sein soll, erschließt sich kaum.

Denn auch, wer an die Kraft der Runen glaubt und von der Weisheit, die dahintersteckt, überzeugt ist, weiß, dass es sich dabei zwar um mächtiges Werkzeug handeln kann, dieses aber immer noch vom Menschen angewandt werden muss. Das heißt: Der zwischenmenschliche Aspekt spielt eine immense Rolle. So ist es durchaus denkbar, dass Runenkundige – sowohl zur Zeit der Germanen als auch in unserer heutigen Welt – im engen Kontakt mit einem anderen Menschen in der Lage sind, Schwingungen, Energien, Charakterzüge und Kräfte von diesen zu erspüren und die Runen als Wegweiser und Ratgeber zu nutzen. Bei völliger Interessen- und Kenntnislosigkeit an diesem anderen Menschen ist es jedoch nicht gut vorstellbar, dass irgendetwas Wertvolles erkannt werden könnte.

So bleibt Ihnen also nur die Möglichkeit eines persönlichen Kontakts (falls Sie ein entsprechendes Umfeld kennen) oder aber die Eigeninitiative. Und diese kann ich Ihnen gar nicht ausdrücklich genug ans Herz legen. Jeder spirituelle, geistige, religiöse Weg – wie auch immer Sie es zu bezeichnen wünschen – ist letzten Endes eine zutiefst persönliche Angelegenheit, die ein Mensch mit sich selbst, seinem Geist, seiner Geschichte, seiner Erfahrung und seinem Wesen erfahren kann. Anleitung und Begleitung können helfen, aber niemals ersetzen.

Und so möchte ich Sie auch im Hinblick auf die Runen ermuntern, Ihren eigenen Zugang dazu zu finden. Nehmen Sie sich Deutungsschemata zur Hand, wie beispielsweise die Auflistung im vorigen Kapitel, und suchen Sie Ihre Namensrune heraus. Manche Menschen sind vor allem intuitiv veranlagt, sie schätzen eine gewisse Grundinformation und können dann ihre eigenen Gedanken davon ausgehend weiterfließen und Assoziationen bilden lassen. Andere hingegen arbeiten gerne mit umfangreichem Wissen, um davon ausgehend Abwägungen und Einschätzungen vorzunehmen. Wenn Sie zur zweiten Gruppe gehören, möchten Sie vielleicht im Internet oder auch in der Fachliteratur gerne noch Weiteres nachlesen über Ihre Namensrune. Besinnen Sie sich dann mit Ihrem Wissen auf sich.

Bemühen Sie sich, auf möglichst vielen Ebenen in Kontakt mit Ihrer Rune zu kommen. Sie können Sie aufmalen oder tatsächlich einritzen – durch diese intensive Auseinandersetzung mit Material und Vorgang bauen Sie eine recht direkte Verbindung zu diesem Zeichen auf – und sich der Rune so auf visueller Ebene annähern. Sie können Sie ebenfalls vor sich hinsprechen, vielleicht sogar gesanglich intonieren, flüstern, wispern und was auch immer sie in Kontakt damit bringt. Achten Sie darauf, welche Empfindungen Sie dabei haben, finden Sie Zugang zu dem Zeichen? Haben Sie das Gefühl, dass es mit Ihnen in Verbindung steht, dass es Ihnen womöglich etwas zu sagen hat? Fragen Sie sich dann, in welcher Hinsicht Sie von der Rune sozusagen Auskunft erbitten: Möchten Sie etwas über die Vergangenheit erfahren? Wollen Sie mehr Klarheit darüber erlangen, wer Sie jetzt in diesem Moment sind?

Oder richtet sich Ihr Wissensbedürfnis in die Zukunft, suchen Sie also nach Zeichen, die Ihnen eine Richtung weisen können, eine Warnung aussprechen oder einen Impuls geben? Denken Sie dann in diesem Zusammenhang an das, was Sie über die Rune wissen, und erlauben Sie sich, Erkenntnisse und Querverbindungen wahrzunehmen. Die wichtigste Voraussetzung hierfür ist unbedingte Offenheit und Ehrlichkeit sich selbst gegenüber. Es gibt kaum einen Menschen, den wir manchmal so schamlos und beharrlich täuschen wie uns selbst, weil die Wahrheit schwierig und schmerzhaft sein kann.

Aber wenn Sie etwas über sich herausfinden möchten, wird jedes Täuschungsmanöver nichtig, weil Ihr Vorhaben völlig an Wert verliert. Vor allem sollten Sie sich einen Punkt stets vor Augen halten: Runendeutungen (wie jede andere Deutung) sind kein Urteil.

Sie finden nicht etwas über sich heraus, dass dann als endgültige Bewertung über Ihnen schwebt und Ihnen ein Etikett verpasst, ganz im Gegenteil. Sie erfahren von Tendenzen, die in Ihnen liegen – und erhalten damit die Möglichkeit, bei unerwünschten Neigungen gegenzusteuern. Sie erlangen Kenntnis über Anlagen, die in Ihnen schlummern – so wird es Ihnen erst möglich, daran zu arbeiten, diese freizusetzen. Sie entdecken schädliche Gedankenmuster oder Geisteshaltungen – und verschaffen sich die Chance, herauszufinden, woher diese stammen und wie Sie sie verändern können. Um genauer darzulegen, wie Sie sich gedanklich herantasten können, werde ich anhand eines beliebigen Beispiels einige Aspekte genauer ausführen. Mit Absicht wird allerdings nicht die ganze Rune beleuchtet, denn wenn es sich zufällig um Ihre Namensrune handeln sollte, könnte dies Ihnen den freien Zugang dazu erschweren – man ist geneigt, das, was man schon einmal gehört hat, zumindest ansatzweise zu übernehmen. Wählen wir die Rune isa, Eis.

Einer ihrer Aspekte ist das Innehalten bzw. der Stillstand. Nun können Sie sich fragen: Was hat das Innehalten gerade mit mir zu tun? Nun, immerhin befasse ich mich gerade mit mir selbst, meinem Wesen und meinem Platz in der Welt, das ist schließlich der Inbegriff von Besinnung. Ich bin also möglicherweise aus gutem Grund auf der Suche nach Antworten und letztlich nach mir selbst, warum ist das so? Was hat mich dazu gebracht, nicht einfach weiter durch mein Leben, meinen Alltag, meine Gewohnheiten zu stolpern? Spüre ich eine Unzufriedenheit? Woher kommt sie? Hat sie mit Äußerlichkeiten zu tun, gefällt mir also die Art, wie ich mein Leben führe, nicht?

Muss ich mir vielleicht eingestehen, dass die Partnerschaft, in der ich mich derzeit befinde, eigentlich nicht erfüllend ist? Fällt mir dieses Eingeständnis schwer, da doch nüchtern betrachtet alles richtig scheint und ich die Vorstellung, allein zu sein, erschreckend finde? Ist also die Wahrheit in der Polarität der Rune eher auf der Seite von Stillstand und Blockade zu suchen? Die Gedanken können an jeder „Abzweigung" eine andere Richtung nehmen. Vielleicht geht es nicht um die Partnerschaft, sondern um den Job. Vielleicht geht es nicht einmal um Unzufriedenheit, sondern ganz im Gegenteil, vielleicht bestärkt Sie die Rune auf dem Weg der Selbsterkenntnis und Kontemplation, den Sie gerade eingeschlagen haben.

Und ohnehin können Sie die Ausgangsfrage variieren: Spricht der Stillstand von Ihrer Vergangenheit? Bemerken Sie, dass Sie jahrelang auf derselben Stelle getreten sind? Oder stellen Sie fest, dass Ihre jetzige Existenz sicher und stabil auf dem Fundament jahrelanger Nachdenklichkeit und Besinnung ruht? Es sind die Vielfalt und die Vagheit, die den Runen ihre Kraft verleihen und Sie selbst zum besten Leser Ihrer eigenen Rune machen. Denn man darf Vielfalt und Vagheit nicht verwechseln mit Beliebigkeit, Belanglosigkeit oder Zufall und kaum etwas anderes könnte es sein, wenn eine völlig fremde Person Ihnen Ihre Rune darlegt.

Diese kurze, auszugsweise Erläuterung hat auch einen weiteren wichtigen Punkt angesprochen, der viele Runeninteressierte verunsichert: Was ist mit den negativen Aspekten? Das Beispiel hat bereits deutlich gemacht, dass es hier nicht um ein negatives Schicksal geht, dem sie leider qua Geburt anheimgefallen sind. Vielmehr zeigen sie Risiken auf, die in Ihrer Persönlichkeit liegen und Schaden anrichten können, wenn Sie nicht bewusst und aufmerksam damit umgehen. Wir wissen, dass sich dort, wo Licht ist, auch Schatten findet – die Rune weist klar darauf hin, sie erlaubt nicht, zu relativieren.

Sie können also in großer Ausführlichkeit über Ihre Namensrune nachsinnen und sollten dabei im Kopf behalten, dass Sie letztlich niemals damit „fertig“ sind. Wie Ihr Name begleitet auch Ihre Rune Sie Ihr ganzes Leben lang und sie wird nie aufhören, eine Bedeutung für Sie zu haben und Ihnen etwas zu sagen. Stellen Sie immer wieder aufs Neue Ihre Fragen, die Antwort in zwei Jahren mag schon ganz anders aussehen als die heutige.

Die Anwendung von Runen

Nun haben Sie in Runen geschrieben und auch bereits erste Erfahrungen mit der ganz urtümlichen Kraft dieser Zeichen gesammelt, indem Sie sich mit Ihrer Namensrune beschäftigt haben. Sie anzuwenden, ist nun noch einmal eine höhere Stufe. Viele Menschen haben sich damit im Laufe der letzten Jahrzehnte befasst, zwei von ihnen haben einige umfangreiche und detaillierte Bücher geschrieben, die auch für diesen Text vieles an Inspirationen geliefert haben und insbesondere im Bereich der praktischen Anwendung mit ausführlichen Erklärungen hilfreich waren, nämlich der Runenforscher Karl Spiesberger und der erfahrene Anwender Dr. Gottfried W. Lackner. Ihre Schriften sind für Wissensdurstige nach Beenden dieser Lektüre absolut zu empfehlen. Aber was bedeutet nun die tatsächliche Anwendung? Vereinfacht gesagt nutzen Sie damit gezielt die Kraft einer Rune, um ein gewisses Ziel zu erreichen. Es versteht sich von selbst, dass dafür einiges an Wissen und Kenntnissen vorhanden sein sollte. Runenanwender verstehen diese Zeichen schließlich als mächtige, kraftvolle Wirkmechanismen – und wo immer Kraft ist, ist auch Gefahr. Im Alltag ist dies eine Selbstverständlichkeit, denken Sie etwa an ein Messer, dessen Kraft und Wirkung Ihnen beim Schneiden eines festen Laibes Brot gute Dienste tut, in der Hand eines böswilligen Menschen hingegen tödlich sein kann. Dies ist nun eines der obersten Prinzipien, die Sie bei der Arbeit mit Runen stets im Kopf behalten sollten: Gehen Sie verantwortungsvoll und umsichtig mit den von Ihnen freigesetzten Kräften um.

Und dass tatsächlich Energien existieren, die hierbei zur Anwendung kommen, lässt sich schon ganz simpel daran festmachen, dass schließlich das Denken an sich bereits energetische Veränderungen hervorruft, und zwar im ganz banal physikalischen Sinne: Reizleitung im menschlichen Körper und damit auch im Gehirn erfolgt über äußerst schwache elektrische Impulse – Gedanken *sind* also, denn sie sind nichts anderes als eine solche elektrische Aktivität. Wenn man nun zudem den Energieerhaltungssatz betrachtet, so wird festgestellt, dass die Energie, die zum Denken eines Gedankens aufgewandt wurde, nicht verschwinden kann oder ausgelöscht wird. Sie existiert weiter, in umgewandelter Form, und streng genommen kann man daraus Folgendes ableiten: Kein Gedanke kann völlig auswirkungslos sein.

Wer nun mit Runen umgeht, der nimmt zudem an, dass die gedanklichen Kräfte durch die Kraft der magischen Symbole um ein Vielfaches verstärkt und auf anderer Ebene machtvoll werden, umso mehr Besonnenheit ist also gefragt. Runenkundige setzen für die Arbeit mit den Zeichen den sogenannten Schutz der großen Drei voraus: Man – Ur – Tyr. Sie stehen für Wahrhaftigkeit, Treue und Glaubwürdigkeit und verlangen vom Runenanwender, nach diesen drei Prinzipien zu leben. Runenmagie betreiben sollte nur, wer mindestens neun Tage lang nach diesen

Prinzipien gelebt hat, denn nur so steht er bei seinen Ritualen unter deren Schutz. Ohnehin jedoch sollten für jeden Menschen, der auf diese Art nach Erkenntnis und Weisheit strebt, diese Grundsätze unverhandelbar sein und nicht nur eine neuntägige Herausforderung. Bringen Sie Ihren Geist in eine Verfassung, mit der er dessen würdig und dazu überhaupt erst bereit ist. Was bedeuten nun aber diese Prinzipien?

Die Worte werden heutzutage doch recht gedankenlos verwendet, ihre ursprünglichen Aussagen sind jedoch unverfälscht. Seien sie wahrhaftig – erkennen Sie, was wahr, zutreffend und real ist, und nehmen Sie dies uneingeschränkt hin. Seien Sie aufrichtig, ehrlich und unverfälscht. Biegen Sie sich unangenehme Wahrheiten nicht zurecht, blenden Sie nichts aus, verfälschen Sie nichts. Dies ist gerade gegenüber dem eigenen Selbst eine große Herausforderung, wie im vorigen Kapitel bereits angesprochen wurde. Seien Sie treu – und damit ist nicht gemeint, dass Sie keine Affäre mit Ihrer Nachbarin beginnen sollen. Bleiben Sie Ihren Erkenntnissen, Ihren moralischen Anforderungen, Ihren Aussagen und Ihren Versprechen treu, fühlen Sie sich Ihren Worten verpflichtet und seien Sie verlässlich. Dies gilt sowohl sich selbst als auch anderen gegenüber. Glaubwürdigkeit nun erschließt sich leichter und sie steht in enger Verbindung mit den beiden vorigen Begriffen.

Lassen Sie keine Spaltung zu zwischen Ihren Absichten, dem, was Sie sagen und dem Bild, das Sie anderen von sich geben. Sie sollen würdig sein, dass anderen Ihnen glauben – Ehrlichkeit und Aufrichtigkeit sind geboten. Mit dem Leben dieser höchst ehrwürdigen Prinzipien verschaffen Sie sich spirituellen, geistigen Schutz, der Sie vor schädlichen Kräften wie Heuchelei, Unaufrichtigkeit, Boshaftigkeit oder Hinterhältigkeit bewahrt. Nahezu selbstverständlich erscheint dann auch der nächste Grundsatz: Arbeiten Sie nur konzentriert und fokussiert mit Runen. Die dahinterstehenden Kräfte sind nicht für gedankenlose Kritzeleien oder gelangweiltes Nebenher geeignet. Wenn Sie mit Runen arbeiten, dann tun Sie dies bewusst, und zwar in geistiger Gelassenheit und Ruhe. Was damit gemeint ist, ist tatsächliche seelische Regungslosigkeit. Diese ist nicht zu verwechseln mit Gleichgültigkeit, ganz im Gegenteil sollen Sie ja fokussiert sein, was aber meint nun diese Forderung?

Sie sollen frei sein von den weitverbreiteten geistigen Regungen, die uns üblicherweise dazu bringen, Dinge zu tun – die uns also vor sich hertreiben. Mit den Runen hantierend sollen wir aber keine Getriebenen sein, sondern ganz im Gegenteil ruhig und gefasst Kontrolle und Macht ausüben. Was also nicht gewünscht ist: Wut, Zorn, Erregung, Hass, Neid, Aufgewühltsein, Trauer, aber genauso wenig Begehren, Wollen, Sehnen, Lieben, Wünschen oder gar Bedürfen. Es ist ein Zustand beherrschter Neutralität, aus dem heraus mit Runen umgegangen werden sollte, denn andernfalls ist nicht davon auszugehen, dass Sie die Kraft besitzen, diese Mächte kontrolliert zur Anwendung kommen zu lassen. Sie würden zu Getriebenen der Mächte und das ist schließlich das Gegenteil dessen, was mit Runen erwirkt werden soll. Sie sind ein Weg zu Wahrheit, Bewusstheit, Selbsterkenntnis und Begreifen – und sollen damit nichts weniger ermöglichen, als uns bei den großen Fragen der Existenz zu begleiten: Warum gibt es mich? Wo führt mein Weg hin? Woher komme ich? Warum bin ich, wie ich bin? Wie kann ich mit mir umgehen?

Kaum jemand würde annehmen, dass er sich solch großen Fragen und damit Gedanken aus impulsiver Verzweiflung oder Wut heraus annähern kann. Die meisten Runen werden übrigens als verpflichtende Runen bezeichnet (Näheres zur Klassifizierung der einzelnen Runen in einem späteren Kapitel), das bedeutet, dass sie den Anwender zu bestimmten Dingen verpflichten, beispielsweise eben zu Wahrhaftigkeit oder zu Treue.

Bevor Sie nun tatsächlich tiefer einsteigen in die Materie der Runenarbeit, sollte vielleicht noch eine Frage zur Sprache kommen, die oft beinahe untergeht, weil sie so selbstverständlich erscheint: Was ist denn eigentlich gemeint mit der Kraft einer Rune? Allenthalben wird ihr magischer Charakter vorausgesetzt, aber eigentlich kommt kaum je zur Sprache, wie man sich dies tatsächlich vorzustellen hat. Male ich eine Rune und dann erscheint ein Geist? Von solch einem billigen Hokuspokus ist die Rune weit entfernt. Stattdessen beschreiben Kundige die Vorstellung, die dahintersteckt, folgendermaßen: Die Rune ist ein stellvertretendes Zeichen für Begriffe, Konzepte, Mächte und Kräfte. Durch das Zeichen werden die Macht und die Energie, die darin stecken, gewissermaßen zugänglich, es sind Anknüpfungspunkte, Türöffner, wenn man so will. Wer nun wissend und geschult mit diesen Zeichen arbeitet, der verwendet die dahintersteckende Energie und wendet sie an.

Er nimmt sie also auf, kann sie auf eine Absicht richten und sie dafür einsetzen. Man kann sich den Runenanwender also gewissermaßen als eine Art Vektor, einen Mittler, einen Operator vorstellen, der die Kräfte, die bereits existieren, auf ein Ziel gerichtet einsetzt. Selbst Kräfte erschaffen kann er nicht, er treibt keinen fragwürdigen Zauber, verwechselt sich nicht mit Gottheiten oder stereotypen Ideen von Magiern.

Es ist zur Runenverwendung auch nicht unbedingt notwendig, an Übersinnliches zu glauben, denn letztlich lässt sich alles daran auch als eine besondere Form der Meditation und der sich daraus ergebenden Kräfte verstehen. Dann geht es letztlich um nichts anderes als um die Macht des Geistes und wie mittlerweile auch der Medizin und Forschung bekannt ist, birgt diese immense Kräfte. Sie kann heilend und schöpferisch eingesetzt werden, aber sie birgt auch zerstörerisches Potenzial. Der eine bevorzugt einen Runenumgang, der sich strikt auf eine solch psychisch-spirituelle Realität bezieht, der andere arbeitet lieber mit weiter gefassten Ideen von Kräften, Mächten, Göttlichkeit und Magie. Letzten Endes macht es keinen Unterschied. Man kann es vielleicht vergleichen mit unterschiedlichen Vorstellungen von Göttlichkeit: Manche stellen sich einen personifizierten Gott vor, andere kennen mehrere Götter, den dritten liegt etwas Göttliches in jedem Gegenstand oder in der Natur und der Vierte schließlich glaubt an keine Kirche und kein Wesen, ist aber überzeugt davon, dass es „etwas" gibt, das jenseits physikalisch beweisbarer Realität liegt. Um Runen nun einerseits wirksam, andererseits gefahrlos anwenden zu können, bedarf es einiger Voraussetzungen, die sich in Regeln zusammenfassen lassen.

KEIN MISSBRAUCH DER RUNEN ZU SCHÄDLICHEN ZWECKEN

Der wichtigste Punkt soll noch einmal ausdrücklich erwähnt werden: Runen dürfen nie ohne den Schutz der großen Drei angewendet werden, davon ausgenommen ist ausdrücklich der Heilzweck. Die großen Drei (m-u-t) gewähren dem Anwender Schutz und ermöglichen ihm gleichzeitig, die Kraft der Runen zu nutzen. Zu warnen ist allerdings vor Missbrauch: Wer glaubt, er könne die Macht der Zeichen gegen jemand anderen einsetzen, der irrt. Denn in dem Moment, in dem er dies tut, hat er den Schutz der großen Drei verloren – er ist eben nicht mehr wahrhaftig, treu und glaubwürdig, sondern hinterhältig und unaufrichtig. Runenkundige warnen ausdrücklich vor der Kraft, die sich dann gegen den Missbrauchenden selbst richten kann. Denn der Schutz ergibt sich aus Mächten, die man selbst hervorruft und verwendet und damit sind sie erstens veränderlich und zweitens in höchstem Maße vom eigenen Verhalten abhängig.

Es spielt keine Rolle, ob man sich eine abstrakte Macht hinter der Rune vorstellt, die unmoralisches Verhalten bestraft, oder ob man all diese Vorgänge innerhalb der psychischen Mächte eines Einzelnen versteht: Bösartigkeit wirkt am Ende destruktiv. Es ist nur eine Frage des Bildes, das der Einzelne bevorzugt: Sind es negative, schädliche Gedanken- und Gefühlsmuster, die am Ende demjenigen schaden, der sie hegt, oder ist es eine fremde Macht, die straft? Auch hier wird wieder deutlich, dass mit Runen – wie im vorigen Abschnitt erläutert – ganz unterschiedlich umgegangen werden kann: Meditation, Spirituelles, Magie, Psyche – letzten Endes geht es um verschiedene Zugangsweisen, sozusagen um die Etikettierung.

Um dies noch einmal zu verdeutlichen und darzulegen, warum nicht eine Sichtweise „richtiger“ oder realistischer ist, sei folgendes Gleichnis angeführt. Viele Menschen sind der Überzeugung, dass man für Böses letztlich bezahlt. Manche sagen: Klar, wenn ich mich oft genug böse verhalte, verärgere ich mehr und mehr Menschen, die mir irgendwann böse gesonnen sind. Irgendjemand rächt sich vielleicht eines Tages oder ich erleide einen Schaden einfach nur dadurch, dass keiner mehr Lust hat, mir zu helfen. Andere nehmen an: Jeder Mensch hat eine Art nicht stoffliche Existenz, eine Aura, ein Energiefeld, und darin wird alles Getane und Gedachte gespeichert. Bösartigkeit wird notwendigerweise Teil dieser Aura und schließlich schadet ein solchermaßen vergiftetes Energiefeld dem Menschen selbst.

Und wieder andere haben eine noch konkretere Vorstellung: Es gibt einen Gott oder eine andere höhere Macht, die böses Verhalten wahrnimmt und bestraft. Ganz gleich, wie man es nun betrachtet, das Ergebnis ist stets dasselbe: Bösartigkeit schadet dem Bösartigen selbst. Und dieses Prinzip lässt sich nun auf jeden Aspekt übertragen, über den im Zusammenhang mit Runen von Macht gesprochen wird.

Und damit wird auch deutlich, dass der Missbrauch von Runen tatsächlich schädlich und gefährlich für den Anwender ist und zu keinem Zeitpunkt auch nur in Erwägung gezogen werden sollte. Ohnehin sollte dies eine Selbstverständlichkeit sein für jemanden, der sich aus innerstem spirituellem Antrieb auf den Erkenntnisweg der Runen begeben hat, und wer an den Zeichen aus falschen Gründen Interesse gefunden hat, soll sich nur rasch wieder abwenden, bevor er überhaupt richtig damit begonnen hat.

FEHLENDE WACHSAMKEIT – FEHLENDE KONTROLLE

Vorsätzlicher Missbrauch von Runen zu schädlichen Zwecken ist sicher die schwerwiegendste „Versündigung" gegen diese Zeichen, allerdings grenzen auch andere unerwünschte Anwendungen an Missbrauch. Die vielleicht größte Gefahr birgt hierbei die Unachtsamkeit bzw. die fehlende Achtsamkeit. Die Macht, aber auch die Gefahr der Runenanwendung liegt darin, dass einmal hervorgerufene Kräfte nicht mehr einfach „einzufangen" oder zurückzuholen sind. Gemachte Fehler lassen sich nicht mehr korrigieren, sie werden als Kraft in die Welt hinausgeschickt und nur der Anwender selbst hat sich letztlich dafür zu verantworten. Es ist also das höchste Gebot, während eines Rituals/einer Anwendung die ganze Zeit über fokussiert, konzentriert und aufmerksam zu bleiben. Das Ziel muss klar umrissen und erfasst sein, es dürfen keine Vagheiten oder Zweifel bestehen und auf dieses Ziel muss der Anwender sich unaufhörlich ausrichten. Ablenkung, Beiläufigkeit oder Nachlässigkeit können zu Reaktionen führen, die keinesfalls gewünscht und womöglich sogar gefährlich sind.

Das setzt bereits vor Beginn des Rituals einiges voraus. Zunächst: Erlangen Sie absolute Klarheit über Ihr Ziel und über Ihren tatsächlichen Willen, es zu erreichen. Ratlosigkeit aufgrund von situativer Überforderung nach dem Muster, „Achso, so hatte ich mir das gar nicht gedacht", nehmen Kontrolle und lassen die Kräfte entgleiten. Noch verheerender: „Oh – jetzt bin ich gar nicht mehr sicher, ob ich das wirklich will". Der Verlust des Willens ist eine vermeidbare und schädliche Erscheinung und der irrige Anwender wird von den hervorgerufenen Kräften dafür in die Pflicht genommen werden, sein Versagen hat er in diesem Fall ebenso auszubaden wie im Falle vorsätzlichen Missbrauchs.

Die zweite Voraussetzung: Seien Sie achtsam und aufrichtig Ihrer eigenen Verfassung gegenüber. Es ist nicht anzunehmen, dass Sie oder irgendein Mensch zu jedem beliebigen Zeitpunkt die geistige Kraft und Beherrschtheit, den Weitblick, die Konzentrationsfähigkeit und die Willensstärke besitzen, mit den Kräften der Runen bzw. den damit verbundenen geistigen Kräften angemessen umzugehen. Ganz im Gegenteil müssen Sie in besonders guter Verfassung sein, um damit hantieren zu können, und deswegen sollten Sie vor jeder Anwendung ernsthaft prüfen, ob Ihre seelische Konstitution in diesem Moment geeignet ist.

Sind Sie müde, erschöpft, fahrig, unkonzentriert, abgelenkt, wütend, traurig, enttäuscht oder hatten Sie vielleicht einfach nur einen unerwartet stressigen Tag, spuken Ihnen besonders viele Gedanken unaufhörlich im Kopf herum, ist heute vielleicht einfach nicht Ihr Tag oder wartet noch eine Aufgabe auf Sie, mit der Sie beschäftigt sind? Dann ist vermutlich kein guter Zeitpunkt, sich daran zu versuchen – verschieben Sie Ihr Vorhaben auf eine Situation, in der Sie kraftvoll, besonnen und fokussiert ganz bei sich selbst sind. Während einer Anwendung benötigen Sie Ihre volle Aufmerksamkeit, denn es gilt, die Kräfte bewusst und gezielt zu steuern. Es ist nicht damit getan, sie einmal zu aktivieren und

„loszuschicken" und dann erledigen sie das Gewünschte, stattdessen muss unentwegt nachjustiert werden, eventuell gehört die Kraft gedrosselt oder verstärkt, die Ausrichtung auf das Ziel muss aufrechterhalten werden, unvorhergesehene Hindernisse müssen bewältigt werden. Begreifen Sie Ihre eigene, umfassende Verantwortung und gehen Sie nicht leichtsinnig damit um. Betrachten Sie es wie verantwortungsvolles Autofahren: Niemand verbietet Ihnen, sich müde ans Steuer zu setzen, es gibt kein Gesetz bezüglich des exakten erforderlichen Wachheitszustandes und ohnehin keine Kontrolle. Ein verantwortungsbewusster Fahrer entscheidet jedoch für sich selbst, ob er wirklich befähigt ist, so sicher und aufmerksam zu fahren, wie man es von ihm erwartet – und setzt sich nicht hinters Steuer, wenn er schläfrig, müde und ausgelaugt ist. Beim Autofahren wie bei der Runenanwendung gilt: Wenn Sie aus diesen Gründen einen Unfall bauen, haften Sie.

GEGNER DES RUNENANWENDERS

Wenn Sie die Kraft der Runen verwenden, haben Sie es mit mächtigen Gegnern zu tun – was martialisch und spannend klingt, ist in Wahrheit weitaus profaner und vielleicht enttäuschend für all jene, die gehofft hatten, in eine geistige Kraftschlacht gegen Dämonen und Götter zu ziehen. Die Gegner sind dort zu finden, wo sie am nächsten und am schwersten zu bekämpfen sind: im jeweiligen Individuum selbst. Damit ist effektheischenden Mystery-Fans, die gerne in den epischen Kampf gegen das Böse ziehen wollen, erneut ein Riegel vorgeschoben: Das Böse gibt es hier nicht. Die Gegner, mit denen der Runenanwender hier zu kämpfen hat, sind ohne Absicht – sie sind nicht gut, nicht böse, sie sind jenseits eines solchen Dualismus die Gegner, mit denen ein Mensch sein ganzes Leben lang zu ringen hat, beileibe nicht nur im Umgang mit Runen. Die bedrohlichsten sind Angst, Übermut und der Verlauf der Zeit. Angst als Gegner ist wohl den allermeisten Menschen ein Begriff, und zwar einer, zu dem sie raschen, leichten Zugang finden. Sie kann auf zwei Arten zerstörerisch wirken: Zunächst, indem sie uns davon abhält, etwas überhaupt zu tun.

Damit ist sie der Mörder aller Möglichkeiten, sie raubt uns Perspektiven und Optionen und zwingt uns, in der Enge und Starrheit unserer vermeintlichen Sicherheit zu verharren. Irrtum, Fehler, Verletzung und Schaden bleiben uns fern, so denken wir, denn wir wagen nichts, was dieses Risiko mit sich brächte. Wer im Angesicht der Runenmacht auf diese Weise seiner Angst erliegt, der wird sich erst gar nicht daran versuchen. Den Rückschlag der Kraft, die Überwältigung der Mächte wird er nie erfahren, allerdings auch nicht die weitreichenden und vielfältigen Möglichkeiten, die sie bringen können. Kein Risiko, aber auch keine Chance – es ist ein recht farbloses, fahles, geschmackloses und gleichförmiges Leben, das der Ängstliche lebt. Weniger blass ist die zweite Art, auf die Angst dem Runenanwender das Leben schwer machen kann: Sie befällt ihn, während er sich daran versucht.

Darin liegt natürlich um einiges mehr Gefahr. Angst lähmt, vernebelt die Gedanken, macht uns fahrig und panisch und beraubt uns der Möglichkeit, besonnen und vernünftig zu handeln. Wir verlieren die Kontrolle. Diese Art des Kontrollverlusts ist recht nachvollziehbar, wenn man sich die Kräfte der Runen vor Augen führt. Wer sie zum ersten Mal erlebt – oder auch immer wieder aufs Neue –, der kann leicht überwältigt werden von der Gewaltigkeit und Wucht, die sich ihm da präsentiert, denn die meisten Menschen sind sie nicht gewohnt. Wenn sie dem nun Angesicht zu Angesicht gegenüberstehen, gewissermaßen schutzlos und auf sich selbst zurückgeworfen, wenn sie niemanden neben sich haben, der im

Zweifel das Ruder übernimmt, sondern alle Verantwortung in ihren Händen liegt, so ist nachvollziehbar, dass diese Hände anfangen mögen, zu zittern. Und hier liegt die Gefahr. Die Kräfte geraten außer Kontrolle, die Energie verliert Fokus und Ziel, der Schreck fährt in die Glieder und lähmt den Anwender. Eine Wahrheit sei gleich an dieser Stelle nicht verschwiegen: Angst wird niemals ganz verschwinden. Das ist aber auch nicht erforderlich. Was gelernt werden muss und kann, ist, der Angst etwas entgegenzusetzen, sich von ihr nicht überwältigen und lähmen zu lassen. Einige Dinge können hierbei helfen.

Wenn Sie sich mit Runen beschäftigen und sich ihnen durch Lesen, Informationen sammeln und Nachdenken annähern – und damit letztlich auch sich selbst annähern –, machen Sie sich immer aufs Neue Folgendes bewusst: Es sind starke, überwältigend scheinende Kräfte und es braucht einiges an Disziplin und Stärke, um sie zu beherrschen bzw. in produktive Bahnen zu lenken. Es liegt aber in ihnen nichts Feindliches, Tückisches oder Bösartiges. Es gibt keine finstere Macht, die mich bekämpfen möchte oder mir die Runen vorenthalten will, ich muss nichts und niemanden besiegen, um mit ihnen umgehen zu dürfen. Ganz im Gegenteil ist es ein prinzipiell dem Menschen dienliches System, das ihm der Überzeugung von Runenkundigen zufolge von den Göttern überlassen wurde, um ihrem eigenen göttlichen Ursprung nachspüren zu können. Die Runen fordern Respekt und auch Respekt vor ihrer Kraft, aber es gibt keinen Grund, sie zu fürchten.

Wer sich selbst in Zaum halten kann und seinen Willen zu lenken vermag, der kann mit Runen umgehen. Es gibt keine Unwägbarkeit, keinen plötzlichen Angriff, keine Feindseligkeit. Ob Angst oder Kraft Sie überwältigen, liegt nur an einem: an Ihnen. Halten Sie sich dies stets vor Augen und ebenso die Tatsache, dass Angst ein schlechter Ratgeber ist. Besonnenheit, Abwägung und Vorsicht sind angebracht, Furcht nicht.

Wer sich fürchtet, der lernt nichts, also setzen Sie der Angst die Gewissheit Ihrer Gedanken und Ihre Vorbereitung entgegen und haben Sie Vertrauen – in sich selbst und in diese uralte, den Menschen dienliche Kraft.

Wie steht es nun um den Übermut? Als Attribut jugendlicher Ungestümheit darf er ruhig wohlwollend belächelt werden, in der Verantwortungsübernahme eines Erwachsenen hat er hingegen nichts zu suchen. Übermut meint im Umgang mit Runen die unterschiedlichen Stadien der Selbstüberschätzung und dass diese gefährlich sein kann, steckt schon im Begriff selbst: Man schätzt die eigenen Fähigkeiten höher ein, als sie tatsächlich sind. Diese Gefahr bergen zunächst die Anfänge der Runenerkundung. Nicht wenige gehen mit Überheblichkeit an die Sache heran, halb spöttisch und dem Hokuspokus keinen Glauben schenkend, halb doch auf ein spannendes Mysterium wartend. Im besten Fall geschieht dann: Gar nichts. Bedenklicher sind tatsächlich die Übermütigen zweiten Grades: Sie glauben, genug gelesen und gedacht zu haben, um Meister zu sein über die Energie, mit der sie arbeiten möchten, Meister über ihren eigenen Geist. Gerade, wenn am Anfang Furcht stand und diese nun überwunden ist, fühlen viele sich nun „bereit" – und glauben, zu wissen, worum es geht.

Dies birgt zum einen das Risiko, sich schlichtweg zu überfordern. Noch mehr jedoch beraubt diese Einstellung den Runenanwender der Möglichkeit, zu lernen und etwas über sich und seine Person zu erfahren. Überheblichkeit im Sinne falscher Sicherheiten versperrt den Weg zur Erkenntnis – was soll ich erkennen, wenn ich doch schon alles begriffen habe? Wer diese erste Hürde überwunden hat und seine Schwächen, seine Unerfahrenheit und seine Begrenztheit erkannt hat, der kann auf seinem Weg der Erkenntnis voranschreiten, aber auch damit ist er gegen die Selbstüberschätzung noch nicht vollends gefeit. Ganz im Gegenteil lässt sich oft folgendes Muster beobachten:

Ein erster Rückschlag erbringt den Beweis eigener Fehlbarkeit, der Betroffene wird also gezwungen, sie anzuerkennen. Also beschäftigt er sich damit, erkennt eigene Fehler und entwickelt im Hinblick darauf eine gewisse Bescheidenheit und Demut. Wenn allerdings diese Fehlbarkeit überkommen ist, taucht eine ganz neue Form der Überschätzung auf: Der einzelne Lernprozess wird zum generellen Läuterungsprozess überhöht, ganz so, als müsse man nur exemplarisch einen solchen Prozess durchlaufen. Die Botschaft?

Ja, ich habe mich geirrt und mich überschätzt, aber jetzt habe ich das schließlich erkannt und mich demütig gewandelt, das heißt, *jetzt* habe ich es gelernt – was natürlich nichts anderes ist als die nächste Selbstüberschätzung. Menschen, die zu dieser Art der Etappenerleuchtung neigen, erliegen einem grundsätzlichen Irrtum: Der Umgang mit Runen – wie viele andere Dinge im Leben auch – ist keine zu erledigende Aufgabe, sondern ein immerwährender Lernprozess. Es gibt kein Ziel, an dem man ankommen könnte, und kein Ende, das man erwirken könnte. Nur, wer in diesem Bewusstsein immer weiter und beharrlich an seinen Erfahrungen mit den Runen arbeitet, der kann tatsächlich die geistige Bescheidenheit entwickeln, die es dafür braucht.

Und schließlich der Verlauf der Zeit. Viele würden stattdessen einfach sagen, das Alter, allerdings wird das dem Problem nicht wirklich gerecht. Alter an sich ist kein Problem, es sei denn, es bringt tatsächlich geistige Einschränkungen mit sich – ein Problem ist das Verstreichen der Zeit und die Ermüdung, die dies mit sich bringt. Lustlosigkeit, Müdigkeit, fehlender Wille und Resignation sind der wahre Gegner und auch auf ihn treffen wir beileibe nicht nur in der Runenkunde. Das ewige Voranschreiten, der immerwährende Prozess, die ständige Herausforderung und das Ziel, das es nicht gibt und nicht geben kann – es ist genau das, was des Menschen Schritte langsamer und gleichgültiger werden lässt. Damit aber erlischt jede Energie, die Strahlkraft der Runen wird sich nicht mehr offenbaren, wenn schon die Kraft fehlt, sie anzurufen. Und wer meint, dies sei ein Problem, mit dem er sich jetzt zu Beginn noch nicht auseinanderzusetzen braucht oder überhaupt kann, der irrt. Ganz im Gegenteil muss von Anfang an ein Fundament gelegt werden, das die künftigen Erfahrungen so stabil trägt, dass Ermattung keine Option ist. Was es dazu braucht, ist das Bewusstsein – vom ersten Moment an! –, dass man sich auf eine Reise begibt, die kein Ziel kennt, dass man eine Arbeit aufnimmt, die nie erledigt sein wird und dass man einen Lernprozess beginnt, der immerfort Neues bieten wird. Und gerade darin liegt der Zauber: Die Quelle der Erkenntnisse und Erfahrungen wird niemals versiegen, es gibt ewig Neues zu finden, zu erfahren und zu begreifen. Gerade diese Unendlichkeit muss als größter Gewinn angesehen werden, dann hat auch die Resignation keine Chance.

VERSCHIEDENE RUNEN FÜR VERSCHIEDENE ZWECKE

Eine gänzlich praktische und verständliche Regel: Die Runen stehen für verschiedene Dinge, Themen, Kräfte, Schwierigkeiten und müssen entsprechend dem gewünschten Ziel ausgewählt werden. Das erfordert zunächst gute Kenntnisse. Sie müssen über jede Rune Bescheid wissen und Ihre einzelnen Nuancen kennen, um sinnvolle Entscheidungen treffen zu können. Um dies zu erleichtern, werden die Runen in einem der folgenden Kapitel noch einmal in Kategorien unterteilt. Sie nützen dann die Kraft einer oder theoretisch mehrerer Runen und nehmen Sie auf, um sie auf Ihr Ziel ausrichten zu können. Es gibt einen Fehler, den gerade Unerfahrene gerne machen, und zwar lassen sie sich von der Vielfalt der Runen gewissermaßen zur „Überdosierung" verleiten. Es besteht die Möglichkeit, mehrere Runen kombiniert anzuwenden, oft ist ein solcher „Runen-Overkill" jedoch gar nicht nötig, da in einem Zeichen schon all die Teilaspekte enthalten sind, die benötigt werden. Dies vereinfacht die Anwendung erheblich und führt somit dazu, dass das Ritual übersichtlicher und damit beherrschbarer wird, was Anfängern eine große Erleichterung ist.

Allerdings sollten auch Fortgeschrittene nicht übermäßig mit Runen um sich werfen, es gilt stets das Prinzip: so viel wie nötig, so wenig wie möglich. Ganz nebenbei fördert dies die exakte und gewissenhafte Auseinandersetzung mit den Zeichen und das noch genauere Kennenlernen all ihrer Facetten. Und je besser Sie die Runen kennen und verstehen, desto besser können Sie mit ihnen arbeiten. Runenanwendung verlangt von Ihnen, die Zeichen zuvor in sich aufgenommen zu haben, Sie müssen den Inhalt und die Macht jeder Rune verinnerlicht haben und spüren können, distanziertes Wissen reicht nicht. Machen Sie sich aufs Intimste vertraut mit den Runen, bevor Sie sie wirklich anwenden.

UNKOMBINIERBARKEIT BESTIMMTER ZEICHEN

Eine spezielle Gefahr, der mit der vorhin angesprochenen Reduzierung auf die wirklich notwendigen Zeichen begegnet werden kann, ist die Kombination von Zeichen, die nicht zusammen wirken können. So gibt es Zeichen, die nebeneinanderstehend ihre Wirkung im besten Falle einfach aufheben – dann geschieht gar nichts. Es wird jedoch auch davon berichtet, dass falsche Kombinationen unheilvolle Wirkung haben können, und zwar im Wesentlichen dadurch, dass ihr Dämonium aktiviert ist. Dies bedeutet, dass die negativen Aspekte der Kraft, die ebenfalls in jeder Rune angelegt sind, aktiviert werden (siehe Erläuterungen der einzelnen Zeichen). Für den Anwender mit höchst unangenehmen Folgen: Die negativen Kräfte können auf ihn zurückfallen und ihm selbst schaden, insbesondere, wenn durch ungünstige Zusammenstellungen der Schutz der großen Drei aufgehoben wird. Es empfiehlt sich also dringend, mögliche Kombinationen im Voraus gründlich zu durchdenken und auf ihre Vereinbarkeit hin zu überprüfen oder sich an bekannte, erprobte und von Kundigen empfohlene Aufstellungen zu halten.

KLARHEIT, SELBSTKONTROLLE, WILLE – DREI SCHLÜSSELELEMENTE ZUM ERFOLG

Einiges wurde nun bereits genannt, was der Runenanwendung hinderlich im Wege steht und den Anwender ungeeignet macht für sein Vorhaben. Abschließend sei nun noch einmal auf ein paar Punkte eingegangen, die sich mit der inneren Einstellung bzw. Voraussetzung befassen. Für die erfolgreiche Arbeit mit Runen sind völlige Klarheit, ein unverrückbarer Wille und die Fähigkeit, sich selbst jederzeit nicht nur zu evaluieren, sondern in Konsequenz auch zu kontrollieren, von höchster Notwendigkeit. Diese Begriffe sind nicht vollständig voneinander zu trennen und die Anforderungen, die Sie an den Anwender stellen, überlappen sich zum Teil.

Zudem stehen sie in enger Verbindung mit bereits Gesagtem. Trotzdem sind es eigenständige, wichtige Punkte, die deshalb noch einmal gesondert dargelegt werden sollen – auch, um ihre immense Bedeutung zu unterstreichen. Völlige Klarheit wird bezüglich der Zielsetzung verlangt, aber auch bezüglich der eigenen Fähigkeiten. Beginnen Sie nichts, was Sie nicht exakt umrissen haben. Sie müssen wissen, was es ist, das Sie erreichen wollen, und dass es richtig ist. Ferner noch: Sie müssen auch wissen, warum es richtig ist.

All Ihr Handeln muss sich also an einem verlässlichen, gut geeichten moralischen Kompass ausrichten, den Sie – und nur Sie! – für sich entwickelt haben müssen. Nichts in der Begründung dafür, warum Sie etwas tun, darf sich in ein unhinterfragbares Dogma zerfasern. Wenn Sie an einer Stelle Ihrer Rechtfertigungskette etwas sagen müssen, wie „Weil es so ist", oder, „Weil das grundsätzlich immer stimmt", sollten Sie die Sache dringend noch einmal überarbeiten. Sie haben dann ganz offensichtlich noch nicht vollständige Klarheit erlangt, sondern verlassen sich an einer

Stelle blind – auf geltende Meinungen, auf überlieferte Ideen, auf die Gedanken eines anderen. Sie müssen aber nicht nur wissen, warum Sie etwas wollen, sondern es eben auch mit tatsächlich jeder Faser Ihres Seins wirklich wollen. Der unverrückbare, starke Wille ist die Grundlage für die Erreichung eines jeden Ziels. Und im Fall der Runen gilt ganz besonders: Nur ein starker Wille kann in der Lage sein, die mächtigen Kräfte, mit denen er dabei umgeht, zu kontrollieren, zu leiten und geführt einzusetzen. Woher kommt aber ein solcher Wille? Er entsteht in Wechselwirkung mit der Klarheit. Wenn Sie ganz sicher wissen, dass etwas richtig ist, dann können Sie es uneingeschränkt bejahen. Und erst dann können Sie es auch wollen, denn wollen bedeutet letztlich nur, keinen Grund zu haben, es nicht zu wollen.

Anders gesagt: Wenn Sie eine Sache vollends durchdacht haben und am Ende zu dem Schluss gekommen sind, dass es richtig ist, dann wollen Sie es. Willenskraft ist am Ende nichts anderes als die Abwesenheit jeder Spur von Zweifel. Und dieser Wille steht schließlich im Zusammenspiel mit der Selbstbeherrschung bzw. ist die Selbstbeherrschung das Einzige, wovon der Erfolg noch abhängig ist, wenn der Wille besteht.

Selbstkontrolle im Sinne des Runenanwenders ist nun eine spezifische Form der Kontrolle und sie hängt eng zusammen mit der in früheren Kapiteln geforderten Emotionslosigkeit. Sie haben bereits erfahren, dass Sie ein Ritual niemals aus Wut oder in Wut (oder Ärger, Trauer, Begehren etc.) durchführen sollen, genauso wichtig und ungleich herausfordernder ist aber, dass Sie auch währenddessen nicht in Wut abrutschen dürfen. Dies ist die schwierigere Prüfung des Willens. Sich zu Beginn bzw. vor dem Ritual in einen neutralen Zustand zu bringen und eben beispielsweise Wut aus den Gedanken und dem Bewusstsein zu verdrängen, ist schwer genug, sich aber dann in der Erregung des Augenblicks, im Empfinden der Kräfte nicht doch wieder hinreißen zu lassen von den niederen Mächten der Wut, ist um einiges herausfordernder. Auch hiergegen kann man sich am besten mit Voraussicht wappnen: Stellen Sie sich bereits in einem ruhigen Moment vor, wie Wut, oder welches Gefühl auch immer Sie am meisten fürchten, in Ihnen hoch schwappt. Spüren Sie sich genau und aktiv ein in das Gefühl, vertiefen Sie sich in die zu erwartende Empfindung: Wodurch wird es sich ankündigen, wo empfinden Sie es am ehesten (im Bauch, im Kopf), wie fühlt es sich an, mit was vermischt es sich, als welche andere, harmlosere Emotion tarnt es sich zunächst?

Üben Sie dann ganz bewusst, dieses Gefühl wahrzunehmen, aber nicht darauf einzugehen. Nehmen Sie seine Existenz zur Kenntnis und sagen Sie sich, „In Ordnung". Das Gefühl ist da, aber es hat keine Bedeutung. Sie nehmen es wahr, wie Sie etwa ein Jucken oder Wind auf der Haut oder eine beliebige Erinnerung wahrnehmen, und betrachten Sie emotionslos und wertungsfrei. Lassen Sie das Gefühl der Wut dann langsam einfach aus Ihrem Bewusstsein davonziehen, wie jeden anderen unbedeutenden Gedanken, der durch Ihr Gehirn wabert.

Diese Vorgehensweise hat sich in der Meditationstechnik der Achtsamkeit als äußerst wirkungsvoll erwiesen. Üben Sie auf diese Weise die Kontrolle über Ihre Emotionen, bis Sie den Eindruck haben, zuverlässig darauf einwirken zu können. Solchermaßen gewappnet können Sie sich dann der Arbeit mit den Runen stellen und wenn im Eifer des Gefechts die Wut wieder in Ihnen aufzusteigen beginnt, besinnen Sie sich automatisiert und rasch auf Ihre erlernte Vorgehensweise, ohne der Sache größere Bedeutung beizumessen. So bleibt sie klein und stellt sich nicht zwischen Sie und die weitaus größeren Absichten, die Sie schließlich haben. Und ganz zum Abschluss der geistigen Vorbereitung noch ein paar Anmerkungen, die Ihnen nun, da Sie sich bereits so ausführlich mit dem Thema befasst haben, wahrscheinlich schon selbstverständlich vorkommen: Bleiben Sie mit Nachdruck, Beharrlichkeit und Gleichmut dran an Ihrer Entwicklung. Es gibt immer Neues zu lernen, Sie werden immer neu herausgefordert und brauchen dafür geistige Wachheit, Offenheit und Flexibilität. Bleiben Sie zudem auch immer offen für andere Sichtweisen: Ihr moralischer Kompass ist unverzichtbar und Sie haben ihn auf stabilen Grundsätzen errichtet, das heißt trotzdem nicht, dass er unfehlbar und für die Ewigkeit ist. Wenn Menschen mit völlig anderer Sicht auf die Welt in Ihr Leben treten (im Zusammenhang mit der Runenanwendung oder auch sonst), sollten Sie dies stets als Chance und Möglichkeit begreifen, sich selbst und Ihre Grundsätze zu überprüfen und gegebenenfalls zu erweitern oder zu bestätigen.

Und schließlich: Bleiben Sie auf dem Teppich, auf dem Boden der Tatsachen, heben Sie nicht ab – welche Formulierung auch immer es am besten trifft. Runenmagie ist einerseits eine besondere, kostbare und vom Menschen niemals vollständig erfassbare Angelegenheit, andererseits ist sie jedoch nicht mehr als die natürliche Selbstverständlichkeit unserer Vorfahren. Es gab Zeiten, da hat das Göttliche in der Welt die Menschen als alltägliche Selbstverständlichkeit begleitet – schön, wenn es Ihnen heute gelingt, das erneut zuzulassen. Damit machen Sie sich jedoch nicht zu einem überlegenen oder gar irgendwie auserwählten Wesen – behalten Sie als gleichwertiger Teil des Kosmos und der Schöpfung die dafür angemessene Demut.

KATEGORISIERUNG DER EINZELNEN RUNEN

Für die magische Anwendung werden in der Regel 18 Runen verwendet und manchmal findet man sie in die Kategorien dienende Rune, Schwertrune und Machtrune unterteilt, in anderen Texten taucht diese Einteilung nicht auf. Wenn man sie jedoch verwendet, ergeben sich hieraus möglicherweise die bereits erwähnten Schwierigkeiten bei der Kombinierung mehrerer Zeichen. In dieser Logik wird beispielsweise die Macht der Zeichen aufgehoben, wenn eine dienende Rune zwischen einer Macht- und einer Schwertrune steht. Des Weiteren gibt es verpflichtende und unverpflichtende Runen und nach dieser Verpflichtung kann für ein Ritual gewählt werden. Die Pflicht, die die Rune auferlegt, dient dem Anwender bei Erfüllung als Schutz, wie es etwa auch die großen Drei tun.

Sie verpflichten den Runenanwender dazu, nach dem vorgegebenen Prinzip zu leben, und indem er es anwendet, erhält er dadurch Schutz in dem Sinne, dass er die Absicht seines Rituals unter moralisch akzeptable Vorzeichen stellt. Dies bedeutet letztlich nichts anderes, als dass niedere Beweggründe ausgeschlossen werden. Die Rune othil/odal beispielsweise verpflichtet zu Edelmut, sie verpflichtet also den Anwender dazu, sein Ritual (eine Schlichtung bei Streitigkeiten etwa) mit Edelmut durchzuführen. Würde er dagegen verstoßen und etwa zum eigenen Vorteil parteilich eingreifen, so verlöre er den Schutz. Eine Ausnahme gibt es: Werden Runen lediglich zu Heilungszwecken eingesetzt und werden dazu nur dienende Runen verwendet, so kann auf die Verpflichtung verzichtet werden. Die Erklärung hierfür ist simpel: Wer heilen möchte, und zwar wirklich nur heilen, der tut per se etwas Gutes, etwas nicht Schädigendes.

Er kann dies nur aus lauteren Motiven tun und bedarf keinem gesonderten Schutz, empfehlenswert ist trotzdem das Befolgen der großen Drei. Nun folgt eine kurze Aufzählung der Runen nach Kategorien. Als dienende Runen gelten: fehu/fa, uruz/ ur, nauthiz/not, hagalaz, laguz/laf, ehwaz/eh. Schwertrunen sind folgende: thurisaz/thorn, kenaz/ka, isa, sig/sowilo tiwaz/tyr. Und als Machtrunen gelten schließlich: othala/ othil, raidho/rit, ar/ jara, berkana/bar, man, algiz/yr, gebo.

Um eventueller Verwirrung bezüglich abweichender Namen vorzubeugen: Wie bereits erwähnt, gibt es für die einzelnen Runen unterschiedliche Bezeichnungen. Für die 18 Runen, die nun üblicherweise in Ritualen verwendet werden und für die also auch genaue Kraftbeschreibungen und -zuordnungen vorliegen, wurden nun ebenfalls die hier oft verwendeten abweichenden Bezeichnungen angeführt. Dies dient dem besseren Verständnis, sollten Sie sich entscheiden, tiefer gehende Literatur zu studieren. Wenn Sie sich auf ritualmagische Art mit den Runen beschäftigen möchten, halten Sie sich an die Beschreibungen und Einteilungen in diesem Teil des Textes, die obigen einführenden Erläuterungen eignen sich vor allem für die Beschäftigung mit dem eigenen Namen oder mit historischen Runentexten, da hier sämtliche Laute abgebildet werden.

Kommen wir als Nächstes zurück zur Frage nach der Verpflichtung. Nicht verpflichtende Runen sind lediglich not, isa, sig und bar. Alle anderen sind verpflichtende Runen, und zwar verpflichten Sie den Anwender zu Folgendem: fehu – Wahrheit; uruz – Treue; thorn – Verständnis, Fehlertoleranz im Mitmenschen; othil – Edelmut, Anstand, moralische Integrität; rit – Gerechtigkeit; ka – Begreifen und Erkennen des Selbst; hagalaz – eigenes Tun und Denken auf das jeweilige Ziel ausrichten; ar – Hinten-Anstellen eigener Bedürfnisse und Unterordnung unter das Ziel; tyr – Glaubwürdigkeit; laguz - Übermittlung von Wissen und

Kenntnis; man – Wahrhaftigkeit; yr – Bejahung der Existenz; eh – partnerschaftliche Treue und Verlässlichkeit; gebo – Unvoreingenommenheit und Parteilosigkeit.

Darüber hinaus kann man den einzelnen Zeichen noch einige Eigenschaften zuschreiben. Grundlegende Bedeutungen wurden bereits bei der Vorstellung der Runenreihe gegeben, nun folgen noch einige Ergänzungen, die im Hinblick auf die ritualmagische Anwendung von Bedeutung sind. Zum einen wird das jeweilige Dämonium erwähnt, also die Gefahr, die die Kraft der Rune ebenso birgt, wie die positive oder neutrale Macht, die ihr innewohnt. Zum anderen – und das ist gerade für Anfänger der Runenanwendung oftmals der interessanteste Teil – wird das jeweilige Wirkungsfeld in der Heilanwendung beschrieben. Für Menschen, deren Interesse an Runen gerade erst erwacht, ist der Wunsch nach der Ausübung heilender Kraft oft der Anstoß, sich mit Runen zu beschäftigen. Zudem stehen derlei Anwendungen – wie wir bereits wissen – unter besonderem Schutz in dem Sinne, dass kein Schutz benötigt wird. Die Heilung ist ein in sich wohlwollendes Unterfangen. Im Folgenden werden also die einzelnen Runen mit Dämonium und Heilwirkung aufgezählt.

Fehu

Dämonium: Widerstand, Sperren gegen Entwicklungen, Vernichtung, Gier und damit auch Besitzverlust und unglückliche Verläufe von Vorhaben

Heileinsatz: wird verwendet bei der Linderung von Erkrankungen von Knochen, Haut oder Kopf und zudem bei der Bekämpfung von Fieber

Ur

Dämonium: Sinnestäuschung, Wahn, primitive sexuelle Triebe

Heileinsatz: kann in Kombination mit anderen Runen für Leiden im Halsbereich, jedoch auch der Nerven angewandt werden, ebenso bei Erkrankungen im Thoraxbereich

Thorn

Dämonium: finstere Magie, Verderbnis, Verletzung und Krankheiten, Intrige und Betrug

Heileinsatz: generelle Stärkung der Befindlichkeit (dem Dämonium entgegengesetzt)

Othil

Dämonium: fälschliche Anwendung von Wissen und Kenntnis, Unheil, Täuschung durch Worte

Heilwirkung: wird eingesetzt gegen Leiden des Oberkörper- und Halsbereichs

Rit
Dämonium: Abwesenheit von Recht und Gesetz, stattdessen Willkür- und Gewaltherrschaft
Heilwirkung: Gaumenbereich

Ka
Dämonium: Scheitern, Entartung
Heilwirkung: in Verbindung mit anderen Zeichen wird ka zur Stärkung des Verdauungstraktes angewendet

Hagalaz
Dämonium: plötzliche Zerstörung und Vernichtung, damit auch Tod
Heilwirkung: bei Schmerzen im Lendenbereich

Not
Dämonium: Unterwerfung unter Schicksal, Machtlosigkeit, Niedergang und Vernichtung
Heilwirkung: in Verbindung mit anderen Zeichen werden Infektionskrankheiten bekämpft

Isa
Dämonium: Verbindung in Zustände unkontrollierbarer Tiefe, wie beispielsweise Schlaf
Heilwirkung: weites Einsatzgebiet stets in Kombination mit anderen Zeichen, etwa gegen Gicht, Rheuma, Nervenleiden, Verdauungsprobleme, aber auch gegen Verletzungen durch Unfälle

Ar

Dämonium: geistige Verwirrung durch Täuschung, Finsternis, Orientierungslosigkeit, Anheimfallen negativer Magie
Heilwirkung: wirkt gegen ebensolche negative magische Angriffe, stärkt generell Lebens- und Tatkraft

Sig

Dämonium: durch Gewalt und unlautere Mittel erzwungene Siege, Ausbeutung, Zerstörung, Tod
Heilwirkung: wird angewendet bei nervlichen Beschwerden

Tyr

Dämonium: alle Arten roher, gewalttätiger Zerstörung und Vernichtung, Verderben und Untergang
Heilwirkung: wird ebenfalls in Kombination zur Bekämpfung von Rheuma, Gicht und ähnlichen Erkrankungen angewandt

Bar

Dämonium: alle Kräfte der Missgestaltung und des Widerstands gegen Werdendes, Entstehendes, nicht erfüllte Wünsche und Sehnsüchte
Heilwirkung: die Gebärrune wird also für einen glückenden Verlauf von Geburten und bei Erkrankungen entsprechender Körperbereiche verwendet (birgt als Dämonium jedoch ebenso die Gefahr von Fehlgeburten)

Laguz

Dämonium: weitreichende Gefahren wie das generelle Ende gesetzmäßiger Zustände und infolgedessen Krieg, jedoch auch das Scheitern an Schicksal und Aufgaben und die Neigung, negativen magischen Kräften zu verfallen und davon Schaden zu nehmen

Heilwirkung: wird in Kombination gegen Hautkrankheiten sowie Infektionen eingesetzt

Man

Dämonium: sämtliche geistige Verirrung wie Wahn, dämonische Triebe, Lüge

Heilwirkung: bei Unfällen angewandt, ebenso gegen Nervenschmerzen

Yr

Dämonium: menschliche Übel wie Egoismus, Bosheit, Hass, Lüge, Abgewandtheit vom Göttlichen, Verleitung zu bösartiger Magie

Heilwirkung: Beschwerden, die im Zusammenhang mit sexueller Funktion stehen

Ehwaz

Dämonium: Scheitern von Ehen und ähnlichen Verbindungen

Heilwirkung: seelische Leiden wie Niedergeschlagenheit, jedoch auch Probleme im Bereich der Lymphgefäße

Gibor

Dämonium: gestörte Zeugungskraft, schädliche Gaben, Abwesenheit des Göttlichen

Heilwirkung: Stärkung der Zeugungsfähigkeiten sowohl in körperlicher als auch in seelischer Hinsicht

Abschließend seien hier einige Dinge ausdrücklich erwähnt. Zum einen wird das jeweilige Dämonium oftmals auch als eigenes Zeichen, welches dann eine abgewandelte Form der ursprünglichen Rune darstellt, verstanden. Es ist aber auch die Vorstellung des Dualismus innerhalb des normalen Runenzeichens gängig, damit bezieht sich das Dämonium auf Aspekte der Kraft, die der Rune innewohnen. Zum anderen sind ein paar mahnende Worte zum Umgang mit der Heilwirkung angebracht.

Auch wenn Runenkundige überzeugt von der Macht der Zeichen sind und von vielfachen eigenen Erlebnissen damit berichten, so darf nie außer Acht gelassen werden, dass es sich dabei um keine wissenschaftlich anerkannte Praxis handelt. Das heißt: Wenn Sie an irgendeiner der erwähnten Krankheiten oder Symptome leiden, steht einer ergänzenden positiven Beeinflussung durch magische Kräfte nichts entgegen – aber Sie gehören in die Hände eines Arztes. Ganz gleich, wie erfahren Sie eines Tages sein mögen, versteifen Sie sich nie in die Annahme, Rituale könnten die Behandlung durch professionelles medizinisches Personal ersetzen. Und schließlich sei darauf hingewiesen, dass die hier angeführten Punkte lediglich einen Bruchteil des umfangreichen Informationsschatzes darstellen. Gerade, was weiter gefasste Bedeutungszusammenhänge angeht, lässt sich die Materie noch deutlich tiefer und detaillierter aufgeschlüsselt studieren.

Magie und Energetik der alten Runen

Nach all der einführenden und vorbereitenden Arbeit geht es nun um die Praxis. Hierbei müssen allerdings vorab einige Dinge geklärt werden. Das Wichtigste: Tatsächliche, detaillierte Anweisungen, die eins zu eins nach simplem Ursache-Wirkung-Prinzip die Runenmagie erläutern können und Ihnen ermöglichen, sie herbeizuführen, werden Sie nicht finden. Nicht in diesem Buch und auch in keinem anderen, denn kosmisch-mystische, nicht physikalisch-stoffliche Angelegenheiten, die sich damit beschäftigen, den Menschen mit dem Göttlichen in Verbindung zu bringen, sind nicht nüchtern vermittelbar. Unpersönliche Worte, von einer beliebigen Person an jeden beliebigen Leser gerichtet, können keine Verbindung herstellen, sie sind schlicht nicht das geeignete Medium. Dabei ist es gleichgültig, ob die Worte geschrieben oder gesprochen werden, Worte allein sind nicht ausreichend.

Es gibt also letztlich zwei Wege, über die die tatsächliche Magie „erlernt“ werden kann und die eng miteinander verwoben sind. Eine große Hilfe können Sie in runenerfahrenen Begleitern finden. Ich habe bewusst den Begriff des „Begleiters“ gewählt, weil darin schon einiges enthalten ist, worauf es ankommt. Ein Begleiter ist eine Person, mit der Sie in engem, ja, intimem Kontakt stehen, der ein persönliches Interesse an Ihnen und Ihrem Fortkommen hat (und das ist kein finanzielles!) und der zumindest einen Teil Ihres Weges mit Ihnen geht. Nur so kann er Sie kennen und nur so kann eine Verbindung entstehen, innerhalb derer Kräfte, Schwingungen und Energien übertragen und vermittelt werden können. Der zweite Weg – und dieser ist immer unverzichtbar – ist die geduldige, beharrliche, langwierige Erfahrung.

Für die Kraft der Runen kann Ihnen niemand eine Fernbedienung in die Hand drücken und Sie anweisen, mittels welchen Knopfes Sie die Energie an- und ausschalten können, den letzten Schritt der tatsächlichen Realisierung müssen Sie immer allein tun. Verlieren Sie also nie den Mut und erforschen und erproben Sie geduldig.

Zweitens: Zwar kann Ihnen die Kraft der Runen selbst niemand einflößen, wohl aber gibt es Rituale und Vorgehensweisen, die beschrieben werden können. Da das Wissen um die Runen seit vielen Jahrhunderten besteht und von verschiedensten Menschen und Bevölkerungsgruppen praktiziert und weiterentwickelt worden ist, existiert mittlerweile eine schier unermessliche Fülle an solchen Praktiken.

Sie alle zu erläutern, würde den Rahmen dieses Buches bei Weitem sprengen, und auch spezifischere und ausführlichere Fachliteratur kann jeweils nur Teilbereiche abdecken. Wenn etwas Sie besonders interessiert oder Sie auf einen Pfad stoßen, den Sie gerne intensiver verfolgen möchten, dann sollten Sie in dieser Hinsicht vertieft recherchieren und lesen, lesen, lesen. In diesem Buch nun werden grundlegende Techniken vorgestellt, um Ihnen einen Überblick zu verschaffen, sowie einige Möglichkeiten herausgegriffen und genauer dargelegt. So kommen Sie mit den wichtigsten Ideen und Begriffen in Kontakt und können so bei Interesse Schritt für Schritt entsprechende Inhalte vertieft recherchieren und Ihre ganz persönliche Umgangsweise mit den Runen etablieren. All jenen, die wirklich tief einsteigen möchten in Einzelheiten der Theorie und schließlich auch in die Praxis, empfehle ich Karl Spiesbergers „Handbuch der Runenmagie“, das detailliert verschiedene Anwendungsformen darlegt und auch zu einzelnen Runen einen noch gründlicheren Zugang ermöglicht, als ein Buch wie das vorliegende es könnte.

PRAKTISCHE RITUALE FÜR DIE RUNENARBEIT

Eines der grundlegendsten Rituale, die auch für jede Anwendung empfohlen werden, sind Reinigungsrituale. So soll zunächst der Raum, in dem man das Ritual abzuhalten gedenkt, gereinigt werden, das heißt, er soll geeignet gemacht werden, heilige, machtvolle Rituale zu beherbergen. Diese Reinigung hat wenig mit Wischlappen und Seife zu tun, sondern befreit den Raum von störenden Energien und bereitet ihn vor. So hat das Reinigen nicht in erster Linie damit zu tun, etwas zu entfernen (wie üblicherweise Schmutz), sondern etwas herbeizuholen, nämlich die Unterstützung bestimmter Mächte. Eine leicht durchführbare Möglichkeit ist die Reinigung mit den beiden Runen bar und sig. Der Runenpraktiker legt zu diesem Zwecke zuerst die Rune man, dann die Rune bar gen Norden. „Legen“ ist hier nicht zwingend wörtlich zu verstehen, die Rune kann imaginiert oder beispielsweise mantraartig gesprochen, gesummt oder gesungen werden, je nachdem, wie es dem Anwender am leichtesten fällt, in eine deutlich gefühlte Verbindung zur Rune zu treten. Es muss hierbei tatsächlich alle verfügbare Vorstellungs- und Einfühlungskraft aufgewandt werden, man muss sich auf das Zeichen konzentrieren, bis man die Kraft körperlich zu spüren beginnt. Bar und man sind übrigens nicht zufällig gewählt, bar dient der Veränderung, die man durch Reinigung ja schließlich erwirken will, und man verbindet dies mit der bereits bekannten, schützenden Verpflichtung. Somit wird das Ritual unter schützende, günstige Vorzeichen gestellt.

Nach Norden gewandt werden dann die Erdgeister zur Unterstützung herbeigebeten, diese sollen das Ritual stärken und den Anwender beschützen. Anschließend wiederholt man das Prozedere gen Westen und erbittet den Beistand der Wassergeister, Richtung Süden wendet man sich an die Feuergeister und abschließend erfleht man aus dem Osten den Schutz der Luftgeister. In jede Himmelsrichtung werden zudem die beiden Runen gelegt. So ist nun der Raum gereinigt – steht noch die Vorbereitung der ausführenden Person aus.

Es erscheint nachvollziehbar, dass der Anwender ebenso bereit und rein sein sollte, wie der Ort seines Rituals, und verständlich ist auch, dass diese Reinigung ungleich komplizierter ist, allerdings nicht in der Ausführung selbst, diese ist denkbar simpel, vielmehr wird es eine Weile dauern, bis man die Reinigung tatsächlich wahrnehmen kann. Letztlich geht es um eine Reinigung des Geistes und sie wird durch einfache körperliche Maßnahmen erzielt.

Der Anwender steht in seinem gereinigten Raum und geht nun so weit in die Hocke bzw. beugt sich nach vorne, dass er leicht vor seine Füße fassen kann. Dann streicht er langsam und konzentriert von den Zehen her über den Fußrücken, über die Knöchel, das Schienbein entlang übers Knie hinweg und dann die Oberschenkel entlang bis zur Höhe der Hüfte. Die Gedanken sind fokussiert bei diesem „Abstreifen" des Körpers und bemühen sich darum, diese auf allen Ebenen wahrzunehmen. Das bedeutet, sich vornehmlich auf das zu konzentrieren, was man imaginiert vom Körper abstreift, nämlich die energetischen, seelischen Unreinheiten, derer man sich zu entledigen sucht.

Bei guter geistiger Fokussiertheit wird man Kundigen zufolge irgendwann ein ganz real anmutendes Gefühl wahrnehmen können: Man hat das Gefühl von Spinnweben, Staubfäden oder etwa Wassertropfen, die an den Fingern anhaften und so also von der Haut abgewischt werden. Anschließend schüttelt man die Hände oder reibt sie gegeneinander, bis nichts mehr von diesem Gefühl übrig ist. Wissende der Runenmagie berichten von diesem Prozess als dem Spürbarwerden aurischer – also energetischer – Verschmutzungen und ebenso spürbar werdender Reinigung. Wiederholen Sie dies so oft, bis Sie keine Anhaftungen mehr spüren, und fahren Sie anschließend an der Seite der Beine in gleicher Weise fort, schließlich an der Rückseite.

Dann nehmen Sie sich die Vorderseite Ihres Oberkörpers vor und streichen über Bauch und Brust bis zum Hals, anschließend an den Flanken entlang bis zu den Achselhöhlen. Für die Reinigung des Rückens müssen Sie ein wenig Beweglichkeit aufbringen, fassen Sie mit der linken Hand unter Ihre rechte Achsel hindurch und streichen Sie soweit nach oben, wie es Ihnen möglich ist. Dann fassen Sie über die rechte Schulter und ziehen den Rest des Weges von oben. Zum Schluss erfolgt die Reinigung des Kopfbereiches. Hier wird von oben nach unten gearbeitet, Sie streichen also zunächst auf der Vorderseite über den Haaransatz, die Stirn und das Gesicht bis zum Hals, dann tun Sie das Gleiche auf den Seiten vom Scheitel ausgehend, und ganz zuletzt kommt der Hinterkopf dran. Und bei jedem Streich gilt: Danach gründlich ausschütteln und so lange wiederholen, bis Sie keine Unreinheiten mehr empfinden. Hier sei noch einmal angemerkt: Wer sich zum ersten Mal daran versucht, wird vermutlich keine körperlichen Empfindungen wie etwa die von Staubfäden haben, das ist aber völlig in Ordnung und steht dem Effekt der Reinigung nicht entgegen. Konzentrieren Sie sich nur immerzu auf Ihre Wahrnehmung und irgendwann werden Sie ein diffuses Gefühl verspüren, das eine ausreichende „Behandlung“ dieser Körperregion anzeigt. Dann fahren Sie mit der Nächsten fort. Haben Sie dann den Raum und sich selbst solchermaßen vorbereitet, können Sie mit Ihrem eigentlichen Ritual beginnen.

Zu Beginn empfehlen sich hier einfache Runenexerzitien. Die Praxis der Exerzitien ist vielen aus dem katholischen Umfeld möglicherweise bereits ein Begriff, das Prinzip dahinter ist das Gleiche. Es geht um Kontemplation, also um reines Denken. Da auch dies bereits ein Ritual ist, in dem Sie mit den Kräften der Runen in Kontakt zu kommen versuchen, kann das vorige Ziehen eines Schutzkreises empfehlenswert sein. Dies kann in einfachen Fällen mit der flachen rechten Hand oder mit einem Ritualstab (sofern man mit derartigen Gegenständen arbeiten möchte) erfolgen, für kompliziertere Rituale gibt es auch komplexere Schutzkreise, die etwa mit Kreide gezeichnet werden und bestimmte Runenzeichen enthalten.

Dies verleiht Ihnen Schutz, schon in dem einfachen Sinne, dass Sie das Gefühl haben, in einem geschützten Rahmen zu arbeiten, und sich so umso besser konzentrieren und fallen lassen können. Die Exerzitien selbst sind dann denkbar einfach: Suchen Sie sich eine Rune heraus, die Sie besonders anspricht – vielleicht Ihre Namensrune, vielleicht aber auch irgendeine Rune, zu der Sie spontan eine besondere Beziehung verspüren – und befassen Sie sich mit ihr. Stellen Sie sich also in die Mitte des Raumes oder Ihres Kreises, aufrecht, Füße flach auf dem Boden, in stabiler, gut geerdeter Haltung. Nähern Sie sich dann gedanklich der Rune an. Sie können Sie singen, ihren Laut sprechen, Mantren oder

Sprachrhythmen daraus formen, sie mit den Fingern oder sogar mit Ihrem ganzen Körper bilden (siehe letztes Kapitel des Buches: Runenyoga). Sie können die Rune aber auch einfach nur vor Ihrem inneren Auge genau in Augenschein nehmen. Welchen Zugangsweg Sie wählen, bleibt völlig Ihnen überlassen, die Auswahl hat auch nichts mit Ihrer Erfahrung oder mit Ihrer Fortgeschrittenheit zu tun, sondern lediglich mit Ihren bevorzugten Empfangskanälen. Vielleicht haben Sie schon eine Idee, was bei Ihnen besonders gut funktioniert, etwa, weil Sie von sich wissen, ein optischer oder auditiver Lerntyp zu sein, oder weil Sie sonstige vergleichbare Erfahrungen gemacht haben, ansonsten probieren Sie einfach aus.

Es geht nicht darum, eine Leistung zu erbringen oder etwas zu beweisen, sondern nur darum, die für Sie passende Option zu ermitteln. Fühlen Sie sich aufmerksam ein und finden Sie heraus, was Ihnen Zugang gewährt. In welcher Art Sie es nun letztlich tun, befassen Sie sich mit der gewählten Rune, indem Sie zunächst ihrer unmittelbaren Natur nachspüren. Wenn Sie sie singen, ist das ihr Klang, wenn Sie sie betrachten, ist es vermutlich das Aussehen, vertiefen Sie sich in jedem Falle einfach in das, was Sie wahrnehmen können. Lassen Sie die Rune auf sich wirken und speisen Sie dann langsam all Ihr Wissen über das Zeichen in den Prozess ein. Vergegenwärtigen Sie sich, was die Rune bedeutet und welche Kräfte sie birgt und vertritt.

Versuchen Sie, dies in einen fühlbaren Zusammenhang zu bringen mit dem, was Sie bislang gehört/gesehen/gefühlt haben. Viele Anwender berichten an dieser Stelle von deutlich wahrnehmbaren körperlichen Empfindungen. So wird etwa immer wieder von einem aufsteigenden Gefühl der Wärme oder gar Hitze berichtet, andere hingegen spüren einen von oben auf sie wirkenden Druck. In diesem Zusammenhang wird immer wieder darauf hingewiesen, wie wichtig es ist, eine aufrechte, gerade Haltung zu bewahren. Den Runen, so heißt es, sei aufrecht zu begegnen, um sich nicht von ihrer Kraft brechen zu lassen, einzig die ur-Rune fordere ein demütiges Neigen des Kopfes. Diese können Sie stets am Ende einer Runenbetrachtung imaginieren, um die dankbare Haltung einzunehmen, die der Kraft der Runen gebührt.

Was Sie hier tun, ist letztlich eine Form der Meditation – eine kraftvolle, mit tiefer und realer Verbindung zur Vorstellungswelt und Realität weit zurückliegender Vorfahren –, aber letztlich ist sie allen anderen ernsthaft praktizierten Meditationsarten sehr ähnlich. Es geht letztlich nur um Sie und Ihren Geist und um den Willen, der dahintersteckt.

Mit dieser Herangehensweise kann man die Runen auch tatsächlich aus der wirr-spiritistischen Zauberecke holen – was man daraus macht und für wie weit gefasst man die damit verbundenen Kräfte hält, bleibt jedem selbst überlassen. Gerade dieses Meditieren über einzelne Runen kann als nützliche und kraftvolle Regelmäßigkeit in den Alltag übernommen werden. Vielleicht möchten Sie sich entsprechend Ihrer Situation, Ihrer Tagesverfassung oder anstehenden Problemen und Herausforderungen immer wieder eine neue Rune aussuchen, die gerade das zum Thema hat, was für Sie aktuell ist.

In Verbindung mit dem ruhigen, besonnenen, bewussten und erdenden Umfeld des Rituals können derartige Meditationen eine große Hilfe dabei sein, Klarheit zu erlangen und auch Kraft zu schöpfen – und letztlich macht es keinen Unterschied, ob Sie die Kraft mittels der Runenbetrachtung aus sich selbst ziehen oder aus den Zeichen an sich. Für weitergehende Ritualanwendungen existiert ein breites Feld in allen Abstufungen der Auffassung. Sie werden Übungen finden, die auf meditativ-spiritueller Ebene stattfinden und viele Elemente anderer Besinnungsübungen, die Ihnen vielleicht schon bekannt sind, mit einfließen lassen, aber Sie werden auch auf Rituale stoßen, die die ausdrückliche

Überzeugung von konkret anwendbaren, göttlichen Mächten zum Inhalt haben. Welchen Weg Sie einschlagen und wie weit Sie ihn gehen möchten, bleibt wieder Ihnen selbst überlassen. Der einzig gültige Wegweiser in diesen Angelegenheiten ist Ihr Instinkt, also trauen Sie ihm und folgen Sie ihm. Wenn Sie sich für weitere Anwendungen interessieren, können Sie entsprechend Ihrer Neigung Fachliteratur zum Thema konsultieren, wo Sie dann auch detaillierte Anleitungen und umfassendes Hintergrundwissen erhalten. Folgen Sie aber auch hier Ihren Instinkten: Wie Sie sich vermutlich vorstellen können, ziehen derlei Ideen auch wirre Geister an, manchmal solche, die gute Geschäfte wittern.

Lassen Sie sich nicht an der Nase herumführen – letztlich kann Ihnen niemand außer Ihnen selbst sagen, was für Sie richtig ist. Für einige ausgewählte und auch für Anfänger gut praktizierbare Anwendungen erhalten Sie in den nächsten Kapiteln detaillierte Anweisungen. Damit können Sie auch weitergehend erforschen, ob die Thematik Sie wirklich nachhaltig fasziniert und begeistert und auf welche Art Sie sie eventuell weiterverfolgen möchten.

WOHIN MÖCHTE ICH GEHEN? EIN RITUAL FÜR PHASEN DES ÜBERGANGS

Transformationsrituale spielen in allen Kulten, spirituellen Bewegungen, Religionen und sogar Gesellschaften eine große Rolle. Der konkrete Hintergrund mag ganz unterschiedlich sein, aber letztlich geht es immer darum, einen Übergang rituell zu begleiten. Übergänge bezeichnen hierbei meist die großen Schwellen, über die Menschen im Laufe ihres Lebens treten müssen. So kennen viele Kulturen etwa Rituale, die die Wandlung des Mädchens zur Frau (meist mit Einsetzen der Periode) inszenieren. Man kann solche Rituale aber auch gewissermaßen „aus der anderen Richtung" nutzen, nämlich, um einen Übergang bewusst und vorsätzlich einzuleiten. Dabei geht es dann weniger um die üblichen Bruchstellen im Leben, sondern um ganz persönlich empfundene Veränderungsnotwendigkeiten. Fast jeder Mensch kommt im Laufe des Lebens einmal – häufiger sogar mehrmals – an einen Punkt, der zunächst durch diffuse, unverständliche Unruhe auffällt.

Man ist unzufrieden, vielleicht oft gereizt, vielleicht antriebslos und lethargisch, vielleicht befällt einen das Gefühl von Resignation und Selbstaufgabe, vielleicht empfindet man Leere oder Schrecken angesichts des Gedankens, das eigene Leben würde ewig so weitergehen, wie man es derzeit kennt. Viele Menschen werden auch das Gefühl nicht mehr los, etwas in ihnen dränge nach mehr, nach etwas anderem, es wird ihnen zunehmend unmöglich, dieses unbestimmbare Sehnen zu verdrängen oder anderweitig zu befriedigen. Dies sind deutliche und auch verzweifelte Zeichen, dass eine Veränderung – welcher Art auch immer – in ihrem Leben dringend nötig ist. Im besten Falle wissen sie ohnehin, was verändert werden muss, dann ziehen sie los und tun es, soweit möglich.

Viel öfter jedoch ist die Richtung, in die sich etwas ändern soll, und auch der Punkt, der einer Änderung bedarf, noch gar nicht klar erkennbar. Dann können Rituale dabei helfen, sich dem Begreifen der eigenen Situation anzunähern und Klarheit zu erlangen. Das tun sie, indem sie uns erlauben – ja, uns zwingen! –, unsere Aufmerksamkeit mit Ernsthaftigkeit auf ein bedeutendes Thema zu lenken. Sie berauben uns auf wohlwollende Art der Möglichkeit, wichtige, aber vielleicht unangenehme Dinge auszublenden, nebenherlaufen zu lassen oder sogar zu belächeln. Die Welt, in der wir heute leben, hat im Allgemeinen nicht viel Raum für derlei Selbsterkundungen, wir müssen funktionieren und ein ersehnter Bruch mit etablierten Gewohnheiten wird zunächst als Gefahr wahrgenommen. Wir müssen uns die Möglichkeit, ernsthaft und mit offenem Ausgang über unsere Situation nachzudenken, vorsätzlich herbeischaffen, und dazu eignen sich Rituale hervorragend. Im Folgenden präsentiere ich Ihnen nun ein solches, das unter Zuhilfenahme einzelner Runen einen Pfad anbietet, entlang dessen Sie sich verborgenen Bedürfnissen annähern können.

Es ist angelehnt an ein Ritual, das die schamanisch praktizierende Energetikern (Eigenbezeichnung) Katharina Linhart entwickelt hat und sich mit den Anstößen, Kräften und auch mit den Fragen beschäftigt, die hinter einzelnen Runen stehen und uns die Möglichkeit bieten, sich leiten zu lassen.

Um dieses Ritual durchzuführen, schaffen Sie sich zunächst einen Ihnen angenehmen Rahmen. Führen Sie also etwa Reinigungszeremonien durch, räuchern Sie, entzünden Sie Kerzen und suchen Sie sich einen Ort, an dem Sie Kraft empfinden können. Wählen Sie sich vorab eine Methode, anhand derer Sie sich vertieft mit einer Rune beschäftigen möchten, halten Sie also beispielsweise Material bereit, um die Runen ritzen oder zeichnen zu können, oder überlegen Sie sich Mantren,

Gesänge oder Handhaltungen. Ganz wichtig: Sorgen Sie auf jeden Fall dafür, dass Sie ungestört sind! Nichts nimmt einem Ritual so gründlich den Zauber, wie ein hereinplatzender Zuschauer und die anschließende peinliche Stimmung. Nur, wenn Sie sicher wissen, von solchen Überraschungen verschont zu bleiben, können Sie sich ganz einlassen auf Ihre Gedanken und Versenkungen. Halten Sie sich außerdem von Zeitdruck frei. Wie lange das Ritual dauern wird, ist im Voraus nicht abzusehen, denn es hängt ganz davon ab, wie viel Gedankenmaterial die einzelnen Fragen in Ihnen wachrufen. Dann stimmen Sie sich auf die meditative Betrachtung der Runen und ihrer Fragen ein. Das können Sie mit einer einfachen Atemmeditation tun oder, falls Sie bereits meditieren, Yoga machen oder Ähnliches, mit einer Übung aus diesen Bereichen.

Es sollte jedoch eine Übung sein, die selbst keinen weiteren Zweck hat, sondern lediglich darauf abzielt, Sie ruhiger, gesammelter, fokussierter und aufnahmebereiter zu machen. Dann beschäftigen Sie sich der Reihe nach mit einzelnen Runen. Die Reihenfolge ist nicht notwendigerweise einzuhalten, hier wird ein Vorschlag präsentiert, wenn Ihnen etwas anderes passender erscheint, zögern Sie nicht, entsprechend zu modifizieren. Sie müssen auch nicht jede Frage beantworten. Es ist gut möglich, dass einer der Denkanstöße Ihnen (zumindest in diesem Moment) überhaupt nichts sagt und nichts in Ihnen auslöst, dann gibt es keinen Grund, sich damit zu beschäftigen.

Wenn Sie nun dem hier dargebotenen Vorschlag folgen möchten, beginnen Sie mit *ansuz.* Vergegenwärtigen Sie sich die Rune auf die Art und Weise, die Ihnen die beste Verbindungsaufnahme ermöglicht, und fühlen Sie sich in alles ein, was an Kraft darin steckt. Welche Energien werden von ihr angeregt, auf welche Art können Sie diese spüren? Was wissen Sie über die Rune, mit welchen Aspekten haben Sie sich schon vertraut gemacht, welche Empfindungen kann sie in Ihnen auslösen?

Konzentrieren Sie sich dann darauf, die unterstützende Kraft des Zeichens wahrzunehmen, erbitten Sie also von den Kräften der Rune, sich Ihnen zur Verfügung zu stellen, damit Sie sich unter ihrem Zeichen und mit ihrer Hilfe mit der ersten Frage auseinandersetzen können: Sind Sie in Ihrem Leben aufmerksam gegenüber Nachrichten oder Hinweisen, die Sie von außen empfangen? Sie sind herzlich eingeladen, hier einen Lesestopp einzufügen und erst bei der nächsten Rune wieder weiterzulesen, wenn Sie diese Frage gerne völlig ohne Beeinflussung oder Anregung von außen betrachten möchten.

Falls Sie ein paar Anstöße wünschen, können Sie folgende Überlegungen anstellen: Kommen Denkanstöße bei Ihnen vor allem von innen, sind sie also Produkt eigener Denkprozesse? Oder nehmen Sie sehr aufmerksam wahr, was andere Menschen Ihnen an subtilen Botschaften übermitteln, durch Verhalten, Gespräch, Mimik? Achten Sie gar auf Zeichen, die Sie in der Natur oder in Zufällen sehen? Welchen Anstößen schenken Sie am meisten Aufmerksamkeit, welche haben das meiste Gewicht? Denken Sie über diese Fragen und alle weiteren, die sich für Sie daraus ergeben, nach, so ausführlich Sie möchten. Nutzen Sie die Energie, die Sie aus der Runenbetrachtung ziehen, um sich ergebnisoffen mit möglichen Antworten auseinanderzusetzen. Sie müssen und sollen sich nicht bewerten, legen Sie einfach nur unverfälscht offen, wie die Dinge tatsächlich stehen.

Als Nächstes können Sie sich *uruz* zuwenden. Vertiefen Sie sich erneut zunächst in die Rune und Ihre Eigenschaften und widmen Sie sich dann unter ihrem Einfluss der Frage: Leben Sie in Ihrem Leben aktiv das, was Sie unter Ihrer weiblichen bzw. männlichen Kraft verstehen? Auch hierzu wieder ein paar Denkanstöße, die Sie gerne überspringen können: Welche weiblichen und männlichen Anteile können Sie in sich wahrnehmen?

Haben Sie das Gefühl, mit diesen im Reinen bzw. im Gleichgewicht zu sein? Fühlt sich das Geschlechterverhältnis stimmig an? Wissen Sie, was Sie sind, was Sie sein möchten und ob Sie es in die Realität übersetzen? Sind Sie hierbei gelenkt oder gar unterdrückt von Dogmen, Wünschen oder Vorstellungen anderer Menschen? Sind Sie in Verbindung mit Ihrer weiblichen/männlichen Kraft und haben Sie ein klares Verständnis davon? Denken Sie auch hierüber so viel nach, wie sich ergiebig und fruchtbar anfühlt, und nehmen Sie die gedanklichen Früchte mit zum nächsten Punkt.

Beschäftigen Sie sich nun mit *pertho* in der Weise, wie für die bisherigen Zeichen beschrieben, und stellen Sie sich schließlich die Frage: Was gibt es tief in Ihnen, das eigentlich längst aufsteigen und ans Licht drängen möchte? Anregungen: Welche Wünsche sind in Ihnen lebendig, unbewusst, ganz am Rande bewusst oder vielleicht eigentlich wohl bewusst, aber verdrängt? Welche Sehnsüchte flackern manchmal auf, vielleicht nach ganz anderen, für Sie gar nicht nachvollziehbaren Dingen? Verspüren Sie ein Drängen, das Sie kategorisch abwürgen, und aus welchen Gründen tun Sie dies? Stellen Sie sich diese und alle weiteren Fragen, die sich daraus ergeben, solange, bis Sie weitergehen möchten zum nächsten Punkt.

Zur kompakteren Darstellung werden im Folgenden nur noch die einzelnen Runen mit den dazugehörigen Fragen und Gedankenanregungen angeführt, aber selbstverständlich bleibt das Prozedere das Gleiche: Befassen Sie sich ausführlich mit der Rune, nehmen Sie sich für alles die Zeit, die Sie brauchen. Blicken Sie als Nächstes auf *nauthiz* und fragen Sie sich: Was gibt es in Ihrem Leben an Qual, Schmerz oder Pflicht, die Sie ertragen, weil Sie denken, Sie müssten sie ertragen? Anregungen hierzu: Verlangen Sie von sich selbst regelmäßig Dinge oder auch Einstellungen, weil Sie Ihnen alternativlos vorkommen?

Weil Sie annehmen, Ihr Umfeld oder die Gesellschaft an sich würde diese von Ihnen verlangen und Sie hätten keine Wahl? Ertragen Sie Dinge, weil Sie denken, Sie hätten sich diese selbst eingebrockt und/oder verdient? Durchleiden Sie etwas, weil Sie es für ein notwendiges Opfer halten und glauben, damit für etwas zu bezahlen oder sich zu bestrafen? Bei all diesen Überlegungen gilt im Übrigen: Nehmen Sie, wo immer es Ihnen nützlich oder passend erscheint, die gedanklichen Ergebnisse des vorherigen Punktes mit in Ihre folgenden Überlegungen auf und bauen Sie Erkenntnisse aufeinander auf.

All diese Punkte hängen schließlich zusammen und führen letztlich von einer Frage zur nächsten. Wenden Sie sich nun *othila* zu: Was in Ihrem Leben sollten Sie aussortieren und entfernen? Diese Frage ist bei näherer Betrachtung oftmals mit erschreckender Heftigkeit verbunden, denn wenn Ihnen vielleicht zunächst einfällt, dass Sie wirklich endlich die Mitgliedschaft im Fitnessstudio kündigen sollten, weil Sie ohnehin nicht hingehen, oder dass Sie das Rauchen aufgeben sollten, werden Sie bald weiterdenken und unwillkürlich auch zwischenmenschliche Aspekte in den Fokus nehmen. An welchen Beziehungen halten Sie vielleicht fest, obwohl sie schädlich und destruktiv sind? Das kann die Bekannte sein, die Sie fortwährend subtil verletzt und letztlich für ihr eigenes Ego verwendet, der Freund, der Sie eigentlich nur als emotionalen Mülleimer verwendet, aber auch die Freundin, die keine bösen Absichten hat, mit ihrer Art aber trotzdem eine niederdrückende Wirkung auf Sie ausübt.

Und viel schwerwiegender: Das können auch Familienmitglieder sein, das kann auch Ihr Partner sein. Aber auch abseits des sozialen Rahmens können hier tatsächlich belastende Punkte aufscheinen. Sie definieren sich über Ihr Ehrenamt, aber eigentlich ist es längst zu viel für Sie geworden? Sie sind seit Jahren in der Firma, aber der Job ist in letzter

Konsequenz nicht das Richtige? Seit Ihrer Kindheit engagieren Sie sich in Ihrer Kirchengemeinde, aber Glaube und Interesse sind immer mehr verblasst? Diese Überlegungen können fordernd – fast überfordernd – und schmerzlich sein. Allerdings sind sie gerade deshalb immens wichtig und Sie wenden sich Ihnen mit Unterstützung der Runenkräfte zu. Nutzen Sie diese und seien Sie so aufrichtig und schonungslos, wie es nötig ist und wie es Ihnen möglich ist.

Behalten Sie stets im Kopf: Ein gedachter Gedanke zwingt Sie noch zu keiner Handlung, aber allein das Bewusstsein ist bereits Gold wert und kann Auslöser für weitreichende – auch positive – Dinge sein. *Ingwaz* bringt nun eine fast gegenteilige Frage mit sich: Was wollen Sie neu beginnen? Weitere Anregungen: Welche Ideen – vielleicht noch vage und leise – schlummern in Ihnen und drängen als Wünsche an die Oberfläche? Welches Versprechen bringen sie mit sich? Was erhoffen Sie sich davon? Was könnte davon Positives, Heilendes, Stärkendes in Ihr Leben gebracht werden? Neues kann in jedem Bereich Ihres Lebens entstehen, seien Sie auch aufmerksam gegenüber den Themenfeldern, die nicht im Vordergrund Ihrer Wahrnehmung stehen.

Als Nächstes fragt nun *kaunaz* entsprechend seiner Wortbedeutung: An welchen Punkten Ihrer Existenz sollten Sie sich öffnen und erstrahlen lassen? Anregung: Die Frage geht etwas weiter als die vorherige, sie zielt nicht mehr nur darauf ab, herauszufinden, was an Neuem in Ihr Leben treten sollte, sondern, wo Sie diesem sogar Kraft und Raum geben sollten. Warum wäre das gut für Sie selbst, aber auch für Ihre Umwelt? In welchen neuen Aspekten haben Sie bereits Kraft, auch wenn Sie sich bislang noch nicht gestattet haben, diese zu leben? Eng daran knüpft die Fruchtbarkeitsrune *berkana* an: Was kann durch dieses Neue wachsen?

Anregung: Denken Sie die möglichen Wirkungen einen Schritt weiter: Welche anderen Bereiche Ihres Lebens gewinnen dadurch an Sinn, Kraft, Stabilität oder Lebendigkeit? Für welche weiterführenden Veränderungen könnte dies der Zünder sein? Was kann daraus in Ihrer Geisteshaltung erwachsen, vielleicht Zufriedenheit, Erfüllung, Belebtheit, Energie? In welchen Bereichen kann hierdurch eine heilsame Veränderung eintreten? Nun fragt *ehwaz* etwas genauer nach: Welche Veränderung ist nötig, damit sich hieraus wirklich eine fruchtbare Entwicklung ergibt? Also: Was müssen Sie konkret tun, um all diese Projektionen und Ideen real, greifbar und sichtbar werden zu lassen?

Durch welche Maßnahmen kann das, was Sie nun gedacht haben, Früchte tragen und Wirklichkeit werden? Was ist der – oft kleine und unspektakuläre – wirkliche Anstoß, mit dem Sie die Entwicklungen ins Rollen bringen können? *Hagalaz* fragt nun aus einer anderen Richtung nach, in diesem Zeichen liegt schließlich auch das Potenzial zur Zerstörung und jede Veränderung birgt ebenfalls die Gefahr, Schaden zu bringen: Was dürfen Sie guten Gewissens tun, um dieses Neue in Ihrem Selbst ins Leben zu rufen? Anders gefragt: Wo scheinen Grenzen auf in Ihrem Veränderungsstreben, wo lauert Gefahr? Wo könnten Sie durch Übermut, Rücksichtslosigkeit oder Unbesonnenheit Schäden anrichten und Dinge zerstören, die Sie eigentlich erhalten möchten? Welche destruktiven Kräfte lauern vielleicht in Ihrem Tun selbst, von welchen schädlichen Tendenzen in Ihrem Handeln wissen Sie?

Diese Rune verlangt nun erneut besondere Aufrichtigkeit, denn einerseits kann sie Euphorie bremsen, andererseits führt sie Ihnen eventuell Seiten Ihres Selbst vor Augen, die Sie nicht gerne sehen. Halten Sie sich an die Gebote der Aufrichtigkeit und Wahrhaftigkeit und lassen Sie sich trotzdem nicht entmutigen. Wenn Sie hier auf einen Gefahrenpunkt stoßen, heißt das schließlich nicht, dass all Ihre Veränderungspläne nichtig werden – Sie müssen Sie nur sorgfältig und besonnen strukturieren und ausrichten. Eine friedfertige und nicht minder herausfordernde Frage bringt dann *raidho* mit sich: An welchem Punkt kommen Sie nicht allein weiter, sondern können Veränderungen nur in Abstimmung und Einklang mit Ihrer Umwelt erwirken? An dieser Stelle gilt es, einem Missverständnis vorzubeugen: Sie sind nicht auf die tatkräftige Unterstützung oder gar Zustimmung eines anderen angewiesen.

In der Gestaltung und auch Umgestaltung Ihres Lebens sind Sie autonom, aber trotzdem sind Sie ein soziales Wesen, das in den Kontext seiner Mitmenschen eingebunden ist. Und diese Beziehungen haben schließlich eine Auswirkung. Also gilt es, zu überlegen, an welchen Stellen Sie vielleicht Klärung benötigen, Nachsicht üben sollten, verzeihen müssen und Annäherung zulassen. Ungeklärte, konfliktvolle oder auch nur angespannte zwischenmenschliche Beziehungen haben ein erhebliches Potenzial, auch alle anderen Entwicklungen zu hemmen oder negativ zu beeinflussen. Die letzten beiden Runen werden nun fordernder, aber auch umfassender. *Thurisaz* bringt die folgende Frage: Durch welche Türe müssen Sie nun letztlich treten?

Sie hängt eng zusammen mit einigen der vorigen, fragt nun aber noch einmal konkreter nach: Was ist letztlich der entscheidende Punkt? Wo müssen Sie ansetzen, was muss kippen – was ist schließlich der eine große, bestimmende Faktor? Strategisches Denken bringt hier oftmals weniger als passives Empfangen und Kommenlassen: Öffnen Sie Ihren Geist für Impulse, Bilder, Tendenzen und Eingebungen, die Ihnen „zufallen". Seien Sie empfänglich für das, was Unbewusstsein, angerufene Kräfte und meditative Haltung Ihnen eingeben und zuspielen und greifen Sie es aufmerksam und interessiert auf. Ganz zum Schluss kommt dann *dagaz*, der neu anbrechende Tag: Was ist der tatsächliche Umbruch? Wie gestaltet er sich in Ihrer Wahrnehmung, was wird also mit

Ihnen, Ihrem Empfinden und Ihrem ganzen Leben passieren, wenn diese Erneuerung wirklich eintritt? Woran werden Sie es merken? Was werden Sie spüren? Was wird wirklich anders sein? Es sind kraftvolle, lichtvolle Bilder, die hier aufscheinen können, starke Emotionen, viele Menschen empfinden ein regelrechtes Hochgefühl, euphorische Beschwingtheit oder eine starke, belebende Kraft, die sie durchströmt. Saugen Sie dieses Gefühl in sich auf und nehmen Sie es mit aus dem Ritual hinaus in die Welt, in der Sie diese Veränderungen schließlich umsetzen wollen. Dann hat das Ritual genau das erwirkt, was Sie brauchen.

Sie können dieses Ritual übrigens immer wieder durchführen, denn es ist ein Ritual der Übergänge und Veränderungen und derer gibt es viele im Leben. Wann immer Sie auf die Gefühle der strukturellen Unzufriedenheit und Unausgeglichenheit stoßen, die Sie länger begleiten und immer vehementer darauf pochen, dass nicht alles so bleiben darf, wie es ist, können Sie sich auf diese Weise selbst befragen und schließlich besser begreifen. Das Ritual lässt sich übrigens auch kombinieren mit dem sogenannten Runenstellen, in welches Sie im Bonusteil dieses Buches noch einen Einblick erhalten werden.

Runenmagie im keltischen Jahreskreis

Der bisher beschriebene Umgang mit Runen hat sich vor allem an besonderen Anlässen oder speziellen Vorhaben ausgerichtet, allerdings waren die Zeichen und die damit verbundenen Kräfte für unsere nordischen Vorfahren in erster Linie auch ein steter Begleiter. Wie wir es heute etwa von christlichen oder auch staatlichen Feiertagen kennen, so haben die Germanen ihren Jahreskreis ebenfalls entlang bestimmter Festtage strukturiert, und diese standen eng mit bestimmten Runen in Verbindung. Diese Verbindung ist keineswegs beliebig, sondern ergibt sich jeweils aus den Themen der Festlichkeiten und den Kräften und Aspekten der einzelnen magischen Zeichen, über die Sie nun ja bereits eine Menge gelernt haben. Es können für diese Tage bestimmte, umfassende Rituale und Feierlichkeiten abgehalten werden, die sich meist am besten im großen Kreis vollziehen.

Wer daran Interesse hat, kann sich nach Gleichgesinnten umsehen, die die entsprechenden Festtage in der Gruppe gestalten und begehen, oder er schließt sich geführten Ritualen an, wie sie beispielsweise Katharina Linhart anbietet, nach deren Idee auch das Transformationsritual beschrieben wurde. Praktisch Interessierte können sich beispielsweise auf ihrer Seite oder bei anderen praktizierenden Runenanwendern informieren, für den ersten Eindruck vom germanischen Jahreskreis erfolgt hier eine kurze Einführung.

Es gab im Jahresablauf der Germanen vier große Feste. Diese waren Imbolc, Beltane, Lughnasadh und Samhain. Zudem existierten die vier Feste der Jahreszeiten, die immer einen bestimmten Wendepunkt im Verhältnis von Tag und Nacht markierten. Daneben finden sich noch einige mehr, die aber nicht so bedeutend sind wie diese acht. Zunächst zu nennen ist Imbolc am 1. Februar, ihm zugeordnet sind die Runen perthro, algiz und sowilo. Man feiert hier den Anfang des Frühlings und damit die Rückkehr von Leben und Sonnenlicht und stimmt sich auf einen neu beginnenden Zyklus des Jahres ein. Das nächste Fest ist dann Ostara, dessen genaue Widmung noch nicht geklärt ist. Es findet am Tag der Tages- und Nachtgleiche des Frühjahres statt, also dann, wenn Tag und Nacht genau gleich lang sind. Hier wird das neu erwachte Licht gefeiert, das erste Fest der Sonne nach den vergangenen Raunächten, seine Runen sind teiwaz, berkana und ehwaz. Als Nächstes kommt Beltaine, das man hierzulande auch als Walpurgisnacht kennt.

Sie findet in der Nacht zum 1. Mai statt und ist letztlich ein Frühlings- und Fruchtbarkeitsfest, das die Verbindung des Menschen mit der Natur und der Göttlichkeit feiert. Auch der Übergang vom Frühling zum Sommer wird hier zelebriert und die dazugehörigen Runen sind mannaz, laguz und inguz. Litha ist dann das Fest der Sommersonnwende. Der Höhepunkt des Sonnenjahres wird mit großen Feuern begangen und hat auch das Wissen um den nun folgenden, notwendigen Niedergang zum Inhalt. Damit in Verbindung stehen die Zeichen dagaz, othil und fehu. Lugnhasadh ist dann ein Erntefest, das mit dem 1. August am Beginn der Erntezeit liegt. Tatsächlich kannten die Germanen mehrere Erntefeste, dieses ist das erste, bei dem bereits im Voraus um reiche, gute Erträge gebeten wird. Dabei helfen soll die Kraft der Runen uruz, thurisaz und ansuz. Mabon ist das folgende Herbstfest am Tag der Herbsttagundnachtgleiche. Ab diesem Moment sind die Nächte wieder länger als die Tage, ein Großteil der Ernte ist eingebracht und es ist eine Zeit der Besinnung und geistigen Sammlung.

Man nutzt hierzu die Macht der Runen raidho, kaunaz und gebo. Schließlich kommt am 1. November Samhain, der auch heute noch in vielen Teilen der Welt einen verwandten Charakter hat. Christen kennen ihn als Tag der Toten, Halloween in der Nacht zuvor hat ebenfalls eine Verbindung zur jenseitigen Welt. All dies spielt auch im Samhainfest eine Rolle, zudem wird der Fokus auf die bevorstehende dunkle Jahreszeit sowie auf die damit verbundene Stille und Leblosigkeit gelenkt, man betrachtet das Einschlafen der Natur. Hierfür werden die Runen wunjo, hagalaz und nauthiz genutzt. Die Wintersonnwende schließlich bringt das Julfest, das auch heute noch in abgewandelter Form in einigen Ländern existiert. Die Nacht des Julfestes ist die längste und damit dunkelste Nacht des Jahres, aber eben auch der Beginn des neuen Zyklus.

Ab diesem Tag werden die Tage wieder länger und somit feiert man das Erwachen eines neuen Jahres und die Erwartung der Rückkehr von Sonne, Licht und Leben. Es ist auch ein Fest der Reinigung: Aller Schmutz des vergangenen Jahres wird entfernt, um in Reinheit ein neues beginnen zu können, Häuser werden ausgeräuchert, Feuer wird gelöscht und neu entzündet. Heute kennt man das Julfest auch als Lichtfest, seine Runen sind isa, jera und eihwaz.

Einige der beschriebenen Feste haben deutliche Querverbindungen zu auch heute noch bekannten Feiertagen. Das zeigt deutlich, dass auch den Germanen bereits die gleichen Punkte im Jahresablauf bedeutungsvoll schienen, und es ist ein schöner Hinweis auf den tieferen Sinn, der in solchen Festtagen liegt: Es geht um die Besinnung und um die feierliche Begehung von den Dingen, die den Lebenszyklus der Menschen und der ganzen Welt bestimmen. Welche genauen Begrifflichkeiten oder Rituale dafür schließlich zur Anwendung kommen, ist nicht von Bedeutung. Dem aufmerksamen Leser ist vermutlich aufgefallen, in welch enger Verbindung die Runen mit dem Inhalt der jeweiligen Festtage stehen, wie etwa jera mit der Bedeutung Jahr und Zyklusbeginn für das Julfest oder gebo – Geschenk, Gabe – zum Abschluss der Ernte. Vertiefen Sie sich gerne mit Ihrem nun bereits erworbenen Wissen in die genauen Zusammenhänge und vielleicht möchten Sie ja das eine oder andere Fest feierlich begehen – dem steht auch im persönlichen Umfeld nichts im Wege.

Bonus: Einführung in das Runenstellen

Im Kapitel über das Transformationsritual wurde bereits kurz auf das Runenstellen verwiesen, das eine ganz praktische Form der Runenanwendung darstellt. Wer sich damit beschäftigt, wird überrascht sein, dass vieles davon ihm ganz bekannt vorkommt – und zwar aus dem Yoga. Tatsächlich wird das Runenstellen auch als Runenyoga oder Runengymnastik bezeichnet. Ob die germanischen Urheber der Zeichen es praktiziert haben, ist fraglich, derartige Beschreibungen sind nicht überliefert, allerdings kannten sie wohl die Möglichkeit, mit Einsatz des Körpers die Runenwirkung zu aktivieren oder zu verstärken. Die heute bekannte Runengymnastik wurde zu Beginn des 20. Jahrhunderts entwickelt, damals unter völkisch-nationalistischen Gesichtspunkten. Dem bereits erwähnten Spiesberg ist es zu verdanken, dass nach dem Zweiten Weltkrieg eine ideologisch entschärfte, für jedermann zugängliche Form des Trainings entwickelt wurde.

Wie kann man sich Runenyoga nun vorstellen? Tatsächlich ist es der bekannten Yogapraxis in vieler Hinsicht sehr ähnlich. Es geht um das Einnehmen bestimmter Positionen – im klassischen, fernöstlichen Yoga als Asanas bezeichnet – in Kombination mit geistiger Vertiefung, also Meditation. Auch die Atmung spielt dabei eine Rolle und verstärkt bestimmte Prozesse ganz erheblich. Die Wirkungen, die man sich davon verspricht, sind sowohl geistiger als auch körperlicher Natur. In physischer Hinsicht handelt es sich zunächst ganz einfach um Übungen zur Leibesertüchtigung – man könnte es im weitesten Sinne als Sport bezeichnen. Der Übende nimmt mit seinem gesamten Körper einzelne Positionen ein, die sich an den Formen der Runen orientieren. Je nach Rune und je nach gewählter Positionsvariante kann dies einige Trainingseffekte mit sich bringen, die sich aus dem klassischen Yoga ableiten lassen.

Dort wird etwa die Muskulatur gedehnt oder gekräftigt, wenn man länger in gewissen Haltungen verweilt und dazu die Anspannung bestimmter, sonst nicht genutzter Muskelgruppen erforderlich ist. Auch kann durch regelmäßiges Üben die Beweglichkeit verbessert werden und je nachdem, wie dynamisch und aktiv die genaue Ausführung ist, kann sogar eine Stärkung des Herz-Kreislauf-Systems erwirkt werden.

Allerdings steht beim Runenyoga nicht unbedingt das körperliche Training im Vordergrund – für diese Zwecke ist der Besuch eines Fitnessstudios sicherlich effektiver –, sondern die geistige Ertüchtigung, also der meditative Aspekt. Während der Ausführung der einzelnen Übungen versuchen Sie, sowohl Entspannung zu erlangen als auch durch gezielte Fokussierung auf die jeweils dargestellte Rune deren Kraft zu aktivieren, zu verinnerlichen und schließlich in Sie selbst zu übertragen. Da die einzelnen Runen eine große Vielfalt an körperlichem Ausdruck zulassen und zudem verschiedenste Möglichkeiten bestehen, zu praktizieren (etwa in fließenden Übergängen, liegend, isoliert oder verbunden, in Tanzform und einiges mehr), kann dieses Buch nur eine Einführung anbieten, mit der Sie erste Schritte des Runenstellens selbst gehen können. Interessierte Leser können diese Ansätze dann entweder selbstständig erweitern (vieles davon entwickelt sich hervorragend im Prozess der eigenen Anwendung) oder sich einmal mehr in gründlichere Literatur vertiefen, wozu die Bücher von Karl Spiesberg zu empfehlen sind. Für ein erstes Kennenlernen des Runenyogas kommt nun hier die Anleitung.

Suchen Sie sich erneut einen Ort, an dem Sie ungestört sind und sich wohlfühlen. Hier ist nun wichtig, dass er ebenfalls ausreichend Bewegungsfreiheit bietet, nehmen Sie also nicht im Wohnzimmer eingezwängt zwischen Sofa und Klavier Platz. Falls Sie Übungen im Liegen durchführen möchten, halten Sie eventuell eine Matte oder eine Decke bereit. Aufgrund der Kraft der Runen, die in enger Verbindung mit der Natur und unserem natürlichen Ursprung steht, ist es ganz besonders empfehlenswert, das Runenstellen im Freien zu betreiben. Dies setzt natürlich voraus, dass Ihnen ein passender Platz zur Verfügung steht, eventuell ein abgeschirmter Garten oder – wenn Sie mutig sind – eine abgelegene Stelle im Wald etc. Ein besonders intensives Erlebnis ermöglicht Runenyoga an sogenannten Kraftorten, wie sie überall in Deutschland unregelmäßig verteilt zu finden sind.

Falls Ihnen eine solche Stelle bekannt ist und Sie Zugang zu ihr haben, nutzen Sie diese! Auch die räumliche Ausrichtung ist von Bedeutung: Zeigt der Kopf gen Norden, befinden Sie sich in einheitlicher Ausrichtung mit dem Magnetfeld der Erde, zeigt der Kopf gen Osten oder Westen, sollen die Übungen besonders anregend wirken. Mischrichtungen wie Nordost erzeugen ebenfalls gemischte Wirkungen. Es steht Ihnen frei, vorab ein Reinigungsritual durchzuführen oder einen Schutzkreis zu ziehen. Ein paar Worte zur Übungszeit:

Gemeinhin wird eine stärkere und vitalisierendere Wirkung beobachtet, wenn die Runengymnastik in den Morgenstunden durchgeführt wird. Unser Geist ist dann frisch und noch empfänglich für den Einfluss der Kräfte, zudem begleitet einen die Kraft der Meditation dann den gesamten Tag hindurch. Manchmal bietet sich jedoch vielleicht auch eine abendliche Einheit an, wenn Sie sich beispielsweise nach einem ereignisreichen Tag noch einmal sammeln wollen und zur Ruhe kommen möchten. Entsprechend unterschiedlich wählen Sie dann natürlich auch Ihre Runen aus. Dies ist ein weiterer wichtiger Punkt der Vorbereitungen: Entscheiden Sie, mit welchen Runen Sie sich beschäftigen möchten und auf welche Weise.

Sie können die gesamte Runenreihe durchexerzieren und somit einfach eine grundlegende Übungseinheit einlegen, in der alle Kräfte und Zeichen auftauchen und aktiviert werden. Oder aber Sie entscheiden sich für eine spezifischere Herangehensweise, die einer spezifischen Absicht besser entspricht. Möchten Sie zur Ruhe kommen und Anspannung von sich abfallen lassen? Sind Sie aufgewühlt, durcheinander und sehnen sich nach innerer Klarheit? Fühlen Sie sich kraftlos und ausgelaugt und benötigen energetischen Antrieb? Sind Sie bereits aktiv und motiviert, aber möchten diese Energie in produktive, kontrollierte Bahnen lenken? Für jedes Anliegen eignen sich andere Runen.

Gehen Sie die Zeichen in Ruhe durch, suchen Sie sich, falls nötig, noch einmal die einzelnen Informationen heraus und beziehen Sie ebenfalls persönliche Vorlieben und Erfahrungen mit ein. Es ist gut möglich, dass Sie zu einer bestimmten Rune eine ganz besondere Verbindung haben oder eine solche im Laufe der Zeit entwickeln und dann wird Ihnen diese Rune in den unterschiedlichsten Situationen helfen. Hören Sie hier ganz auf Ihr Bauchgefühl und entscheiden Sie danach. Eine letzte Bemerkung noch vorab: Am kraftvollsten wirkt das Runenyoga, wenn Sie es unbekleidet durchführen. Wem dieser Gedanke zunächst befremdlich erscheint, der zieht diese Möglichkeit wohl am besten beim Üben in geschützten und geschlossenen Räumen in Betracht, erfahrene Freikörperkulturfreunde üben unbefangen auch in der freien Natur. Dies sollten Sie allerdings – unabhängig von Ihrem eigenen Schamempfinden – wirklich nur tun, wenn Sie verlässlich davon ausgehen können, dass sich niemand etwa auf Ihre Waldlichtung verirrt. Ansonsten besteht mindestens das Risiko profunder Irritation, aber auch vor Beschimpfungen oder gar Anzeigen sind Sie womöglich nicht sicher.

Wenn Sie im geschützten Rahmen zögern, nackt zu praktizieren, weil sie gegenüber Ihrem eigenen Körper Unbehagen verspüren, könnte es umso mehr einen Versuch wert sein: Immerhin streben Sie nach Ausgeglichenheit und Frieden nicht nur mit Ihrer Umwelt, sondern vor allem mit sich selbst. Eventuell bietet das Runenstellen einen guten Ansatzpunkt, in dieser Hinsicht mehr Sicherheit und Akzeptanz zu entwickeln. Generell gilt aber: Sie müssen sich beim Runenstellen wohlfühlen und unbefangen sein, ansonsten können Sie sich kaum einlassen auf die geistigen Anteile der Übungen.

Beginnen Sie dann Ihr Runenyoga mit einer Entspannungsübung. Diese ist nahezu identisch mit der Tibetischen Totenlage des Yogas, die auch hier als Beginn und Ende jeder Einheit hoch geschätzt wird. Dazu liegen Sie einfach flach auf dem Rücken, die Arme liegen entweder entlang Ihres Körpers oder leicht nach außen abgespreizt, in jedem Falle gestreckt auf dem Boden auf. Das Interessante beim Runenyoga: Sie nehmen hiermit bereits die Stellung entweder der isa- oder der teiwaz-Rune ein. Die einfachste Übung ist also bereits aktiver Teil des Runenyogas. Fokussieren Sie sich in dieser Position auf Ihren Atem: tiefe, gleichmäßige Züge, umfassende Zwerchfellatmung, also „in den Bauch“, Einatmung durch die Nase, Ausatmung durch den Mund.

Zur Entspannung empfehlenswert ist der Rhythmus 4:6, also vier Zähleinheiten einatmen, 6 Zähleinheiten ausatmen. Hören Sie aber auch hierbei wieder auf Ihre Empfindungen, keinesfalls sollen Sie außer Atem geraten. Wenn Sie sich dann bereit fühlen, können Sie mit der ersten Stellung beginnen. Hier gibt es nun eine immense Vielfalt an Möglichkeiten. In jedem Fall setzen Sie Ihren gesamten Körper ein, um eine Rune bildlich darzustellen. Am einfachsten ist die bereits erwähnte isa-Rune, die schließlich einfach die Form eines Striches hat. Aber schon hier bieten sich Ihnen einige Möglichkeiten.

Sie können die Position entweder im Stehen oder im Liegen einnehmen und in beiden Fällen haben Sie die Wahl, die Arme entweder senkrecht nach oben auszustrecken und dadurch eine Verlängerung der Linie aus Rumpf und Beinen zu bilden oder sie einfach am Körper anliegen zu lassen. Sportliche und gut Geübte können sogar auf den Zehenspitzen stehen. Wichtig ist, dass Sie die gewählte Position eine Weile halten können, ohne Schmerzen zu verspüren oder zu wackeln. Für jede Runenposition gilt zudem: Aufrechte Körperhaltung (es sei denn, die Runenform verlangt etwa eine Beugung des Rückens) mit Spannung und Kraft in sämtlichen Muskeln.

Vorsicht: Spannung ist nicht mit Verkrampfung zu verwechseln. Während Anspannung aus Kraft resultiert, entsteht Verkrampfung dann, wenn die persönliche Kraftgrenze überschritten wird – sie ist also ein Ergebnis von Überbelastung. Sollte diese auftreten, beenden Sie die Übung. Während Sie in der Position verharren, konzentrieren Sie sich wieder auf die Rune, die Sie gerade darstellen, und zwar in genau der Weise, die Sie schon bei den Runenritualen kennengelernt haben. Hier können Sie jedoch den Kraftaspekt der einzelnen Zeichen noch direkter in Ihre eigene körperliche Energie „überführen“ und den Fokus auf die physische Kraft legen.

Spüren Sie, wie die Kräfte Ihren Körper durchströmen, vielleicht wärmen, vielleicht unterstützen. Auf diese Weise können Sie sich letztlich an jeder Rune der Futhark-Reihe versuchen, üblicherweise werden die 18 Runen, deren magische Verwendung bereits dargelegt wurde, verwendet. Entweder Sie forschen im Internet oder in Büchern nach Darstellungen einzelner Positionen oder aber Sie lassen ganz einfach Ihre eigene Fantasie spielen: Vermutlich zu jedem Zeichen wird Ihnen früher oder später eine Möglichkeit einfallen, es mithilfe Ihres Körpers darzustellen. Zur Anregung sei noch ein weiteres Beispiel genauer ausgeführt, wählen wir etwa die uruz-Rune.

Stellen Sie sich zum Beispiel hin und lassen Sie den Oberkörper leicht gebeugt nach vorne überhängen und strecken Sie die Arme parallel zu Ihren Beinen gen Boden. Genauso möglich ist es, diese Position kniend einzunehmen oder etwa auf der Seite liegend. Und wer mehr sportliche Herausforderung wünscht, der kann sich auch aus der anderen Richtung daran machen: Legen Sie sich auf den Rücken und strecken Sie die Beine senkrecht über Ihre Hüfte gen Himmel, rollen Sie dazu Ihren Oberkörper leicht auf (wie von gängigen Bauchmuskelübungen bekannt) und strecken Sie parallel zu den Beinen die Arme nach oben. Sie sehen also, es bestehen eine Reihe an Möglichkeiten, die sich unter anderem in Ihrem körperlich-sportlichen Anspruch unterscheiden.

Wählen Sie diejenige, die Ihnen am angenehmsten ist bzw. am besten zu Ihren Absichten passt. Eine energetisierende Yogaeinheit verlangt vielleicht nach anstrengenderen Übungen als eine, die auf Entspannung ausgerichtet ist. In jedem Fall von höchster Bedeutung: Überfordern Sie sich nicht! Wie bei jeder sportlichen Aktivität liegt die Verantwortung, nur Übungen auszuführen, die Ihnen keinen Schaden zufügen, bei Ihnen. Wenn Sie etwa Rücken-, Knie- oder Hüftbeschwerden haben, sollten Sie von bestimmten Positionen Abstand nehmen.

Das Gleiche gilt selbstverständlich für alle anderen körperlichen Beeinträchtigungen. Achten und hören Sie auf sich und Ihren Körper und holen Sie im Zweifelsfall ärztlichen Rat ein. Manche Runenyogis berichten auch von einer Reihe von Symptomen, die während der Yogaeinheiten auftreten können und unterschiedlich beurteilt werden. So wird Zucken oder Krampfen als Zeichen frei fließender Energie interpretiert, ebenso wie Kribbeln. Zittern könnte einen Trancezustand anzeigen, warmer Schweiß wird mit Erhitzung und Reinigung in Verbindung gebracht.

Während Schwitzen als natürliche Folge körperlicher Anstrengung durchaus bekannt ist und das Austreten von Schweiß tatsächlich mit Entschlackungsvorgängen verbunden sein kann, ist der Auffassung des Autors dieses Buches nach bei den zuvor genannten Symptomen eher Vorsicht angebracht: Kribbeln, Zittern, Zucken und Krampfen können beim Sport durchaus auch als Folgen einer Überlastung des Herz-Kreislauf-Systems auftreten oder Resultat gewaltsamer Überdehnung sein. Während Zweiteres vor allem unangenehm ist und zu Zerrungen und Muskelverletzungen führen kann, geht von Ersterem akute Gefahr aus! Es ist keinesfalls zu empfehlen, diese Symptome zu ignorieren oder unkritisch als positiv zu bewerten, vor allem, wenn Sie sich dabei unwohl fühlen. Seien Sie auch hier achtsam und verantwortungsvoll. Was hingegen meist harmlos ist, sind Darmbewegungen und entstehende Blähungen. Sie können ein natürliches Resultat der Körperbewegungen sein.

RUNEN IM ALLTAG – ODER NUR EIN LESEABENTEUER?

Am Ende dieses Buches sind Sie als Leser nun möglicherweise erschöpft. Überwältigend sind Macht und Fülle der alten Zeichen und ohnehin die Kräfte, die Sie in der Anwendung einzelner Übungen verspürt haben. Vielleicht haben Sie jedoch erst einmal den ganzen Text zu Ende gelesen und stehen jetzt vor der Aufgabe, herauszufinden, was Sie nun mit all dem anfangen möchten. Nehmen Sie sich ein wenig Zeit und vielleicht auch etwas Abstand zu dem Thema und lassen Sie das Erfahrene langsam und beiläufig auf sich wirken. Vielleicht kehren Ihre Gedanken immer wieder zu einzelnen Punkten zurück und Sie merken, dass bestimmte Ideen Spuren hinterlassen haben in Ihrem Geist. Das ist ein guter Ausgangspunkt, um eine Umgangsform mit den Zeichen zu entwickeln. Vielleicht möchten Sie regelmäßig meditieren, vielleicht möchten Sie Genaueres über einzelne Aspekte erfahren, möglicherweise scheint Runenyoga reizvoll oder Sie beginnen eine ganz neue und aufregende Reise hin zu der magisch-spirituellen Seite in Ihnen, die bislang kaum zum Vorschein kam. Was auch immer es schließlich ist, folgen Sie dem Pfad mit Neugier und einem wachen Geist. Die uralte Kraft der Zeichen unserer Vorfahren wird Sie auf Ihrem Weg leiten oder begleiten – ganz, wie Sie es wünschen.

Weiterführende Literatur

Genzmer, Felix; Kurt Schier. 2004. *Die Edda. Götterdichtung, Spruchweisheit und Heldengesänge der Germanen.* Heinrich Hugendubel Verlag: Kreuzlingen / München

Krause, Wolfgang. 1993. *Runen.* Walter de Gruyter & Co.: Berlin

Künzl, Ernst. 2008. *Die Germanen. Geheimnisvolle Völker aus dem Norden.* Konrad Theiss Verlag: Stuttgart

Lackner, Gottfried W. 2000. *Runenhandbuch.* Dr. Gottfried W. Lackner: Enns

Meyer, Richard M. 2013. *Altgermanische Religionsgeschichte.* Severus Verlag: Hamburg

Nedoma, Robert. 2011. *Runenschrift und Runeninschriften – eine kurze Einführung.* Universität Wien: Wien

Peterich, Eckart; Pierre Grimal. 1973. *Götter und Helden. Die klassischen Mythen und Sagen der Griechen, Römer und Germanen.* Walter Verlag Ag: Olten / Freiburg im Breisgau

Schuhmann, Roland. 2012. *Zur formalen Analyse der Runenzeichen.* Friedrich-Schiller-Universität Jena, Sächsische Akademie der Wissenschaften zu Leipzig

Seewald, Berthold. 2018. *Menschenopfer und wilde Orgien in Walhalla.* WELT, Axel Springer SE: Berlin

Spiesberger, Karl. 1954. *Runenmagie. Handbuch der Runenkunde.* Verlag Richard Schikowski: Berlin

Spiesberger, Karl. 1982. *Runenpraxis der Eingeweihten. Runenexerzitien.* Verlag Richard Schikowski: Berlin

Spitra, Helfried; Uwe Kersken. 2007. *Die Germanen. Neues, Interessantes & Überraschendes von den Stämmen des Nordens.* Verlagsgruppe Lübbe, Gustav Lübbe Verlag: Bergisch Gladbach

Wolfram, Herwig. 2018. *Die Germanen.* Verlag C.H. Beck: München